JN412362

글로벌 한국어

Global Korean

글로벌 한국어 Global Korean 2B

발 행 일 | 2025.09.15.
저 자 | 라혜민 김화영A 문민정 정진영 한지수
펴 낸 곳 | 소통
펴 낸 이 | 최도욱
디 자 인 | 조해민
삽 화 | 임주원
주 소 | 서울시 금천구 시흥대로 193 아람아이씨티타워 1110호
전 화 | 070-8843-1172
팩 스 | 0505-828-1177
이 메 일 | sotongpub@gmail.com
홈페이지 | http://www.sotongpub.com
가 격 | 25,000원
I S B N | 979-11-91957-49-5 93700

2B MP3

글로벌 한국어

Global Korean

소통

머리말

한국어와 한국 문화에 대한 세계적인 관심이 나날이 높아지면서, 한국으로 유학을 오는 학습자들의 수가 꾸준히 증가하고 있습니다. 또한 해외 여러 나라의 중·고등학교에서는 한국어를 제2외국어로 채택하고 있으며, 한국어능력시험(TOPIK)을 시행하는 국가도 점점 늘어나고 있습니다. 이에 따라 한국의 위상은 경제적인 면뿐만 아니라 문화적인 면에서도 크게 높아졌다고 할 수 있습니다.

선문대학교 한국어교육원은 1989년 3월 개원 이래, 선생님들의 교육에 대한 열정과 경험을 담아 외국인 한국어 학습자들을 위한 다양한 교재를 꾸준히 편찬해 왔습니다. 이러한 기반 위에서 새롭게 출간한 초급 교재 1AB와 2AB는 한국어를 처음 접하는 학습자들이 쉽고 재미있게 공부할 수 있도록 그림 자료와 함께 의사소통 능력 향상에 중점을 두어 개발되었습니다.

특히 이번 초급 교재는 듣기, 읽기, 쓰기, 말하기를 통합적으로 학습할 수 있도록 구성하였으며, 한국어능력시험(TOPIK) 준비에 필수적인 어휘, 문법, 표현 학습에도 중점을 두었습니다. 이를 통해 다양한 목표를 가진 외국인 학습자들이 보다 쉽게 한국어에 다가가고, 즐겁게 학습할 수 있기를 기대합니다.

끝으로, 이번 교재 편찬에 애써 주신 모든 분들께 깊은 감사의 마음을 전합니다. 최고의 교재를 만들기 위해 노력해 주신 저자들께 진심으로 감사드리며, 늘 따뜻한 격려와 지원을 해 주신 선문대학교 문성제 총장님께도 특별한 감사를 느낍니다. 아울러 교재 출판을 위해 수고해 주신 소통 출판사 사장님과 관계자 여러분께도 고마운 마음을 전합니다.

선문대학교 한국어교육원 원장

과	주제	제목	어휘	문법과 표현 1·2	듣기
1	여행	여행을 정말 좋아하는 것 같아요	관광 장소 어휘 여행 상품 어휘	-는 게 어때요? -(으)ㄴ/는/(으)ㄹ 것 같다	여행 경험 묻고 답하기
2	영화와 드라마	영화를 보면서 팝콘도 먹어요	영화 장르 어휘 영화 관련 어휘	-(으)면서 -(으)ㄴ/(으)ㄹ것 같다	선호하는 영화 장르 말하기
3	집	욕실은 넓은데 부엌은 좀 좁은 것 같아	집 구조 어휘 집안일 어휘	-겠[2] -는데[2]	자취 생활 장단점 묻고 답하기
4	건강	일이 많을 때 스트레스를 받아요	스트레스 증상 어휘 스트레스 해소 어휘	-는 게 좋겠다 -(으)ㄹ 때	건강 상태 설명하기
5	기분과 감정	기분도 좋은데 우리 맛있는 거 먹으러 가요	기분 관련 어휘 감정 어휘	-는군요 -기 때문에	말하기 대회 참가 권유하기
6	음식	그 식당은 음식이 맛있고 양이 많기로 유명해요	맛 어휘 요리 방법 어휘	-밖에 -기로 유명하다	음식 소개하기
7	미래와 꿈	대학교를 졸업하자마자 유학을 떠날 거예요	직업 어휘[2] 꿈 관련 어휘	-(으)니까[2] -자마자	꿈 묻고 답하기
8	방학과 휴가	방학 동안 고향에 다녀올까 해요	방학 관련 어휘 휴가 관련 어휘	-는 대신에 -(으)ㄹ까 하다	방학에 한 일 묻고 답하기

말하기	문법과 표현 3·4	듣고 말하기/쓰기	읽고 쓰기/말하기	과제 활동
여행 계획 묻고 답하기	-는 동안 -고 나서	관광지 소개하기	여행 소감문 읽기	관광지 추천하기
영화표 구매하기	-이나/나[2] 얼마나 -(으)ㄴ지 모르다	드라마 추천하기	기억에 남는 드라마 소개하기	영화 포스터 보고 추측하기
이사 갈 집 정보 확인하기	-았/었다가 -(으)려고	집안일 제안하기	내가 사는 집 소개하기	의도 표현하기
스트레스 받는 이유 설명하기	-거나 -기로 하다	건강 조언 구하기	건강한 습관 소개하기	생활 습관 확인하기
축하하기	-처럼 -아/어하다	고민 표현하기	첫사랑 이야기 읽기	희로애락 표현하기
식당 추천하기	-다가 -(으)로[3]	음식 조리법 설명하기	좋아하는 한국 음식 소개하기	고향 음식 소개하기
미래 계획 묻고 답하기	-을/를 통해(서) -(으)ㄹ지도 모르다	결혼에 대한 생각 묻고 답하기	자신의 꿈 소개하기	인생 계획 소개하기
방학 계획 묻고 답하기	만에 -아/어 본 적이 있다	휴가지 제안하기	휴가 경험 글 읽기	취향에 맞는 휴가지 알아보기

일러두기 및 내용 구성

'글로벌 한국어' 2A와 2B 교재는 외국어로서의 한국어 초급 학습자들을 위한 교재이다. 2A와 2B는 각각 8개 과로 구성되었다. 각 과에는 어휘, 문법과 표현1~2, 듣기, 말하기, 문법과 표현3~4, 듣고 말하기 또는 듣고 쓰기, 읽고 쓰기 또는 읽고 말하기로 다양하게 구성되어 있다. 그리고 과제 활동, 자기 평가, 문화 읽기, 어휘 목록 등으로 이루어져 있다. 한 개 과는 8시수 수업용으로 구성되었는데 세부 내용은 다음과 같다.

○ 학습 내용

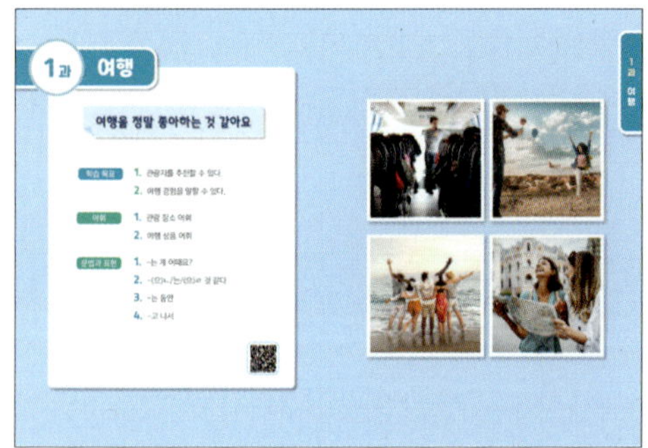

각 과의 첫 쪽에는 학습 목표를 일목요연하게 볼 수 있게 하였으며 어휘, 문법과 표현, 그리고 듣기, 말하기, 듣고 말하기/쓰기, 읽고 쓰기/말하기와 과제 활동의 기능을 제시하였다. 또한 각 과의 주제에 맞는 사진이나 그림을 넣어 학습자들이 어떤 내용을 학습할지를 예측해 보도록 하였다.

○ 어휘

'어휘'는 '국제 통용 한국어 표준 교육과정'의 각 급에 해당하는 어휘를 주제에 맞게 선정하여 제시하였다. 학습자들이 의미를 유추하여 파악할 수 있도록 사진이나 그림을 넣었고, 쓰기와 말하기 등으로 어휘를 익히며 연습할 수 있게 구성하였다.

○ 문법과 표현 1~2

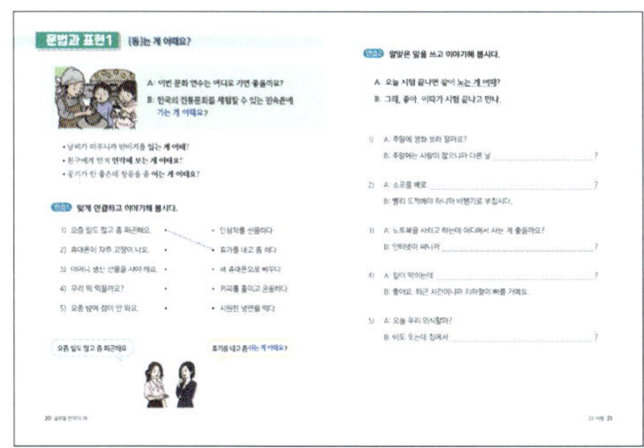

'문법과 표현1~2'는 '국제 통용 한국어 표준 교육과정'의 문법을 바탕으로 가장 빈도 높은 문법들을 골라 주제에 맞게 선정하여 제시하였다. 학습자들이 기본 문형을 익힐 수 있게 형식을 제시하였고 연습1과 연습2에서는 기본 대화와 확장 연습을 통해 유의미한 활동을 하도록 구성하였다.

○ 듣기

'듣기'에서는 도입 질문을 통해 학습자들이 듣기 내용에 대해 준비하도록 하였다. 2세트 내외의 짧은 대화나 지문을 듣고 2개의 문제를 풀면서 주제에 대한 내용을 학습하도록 구성하였다.

○ 말하기

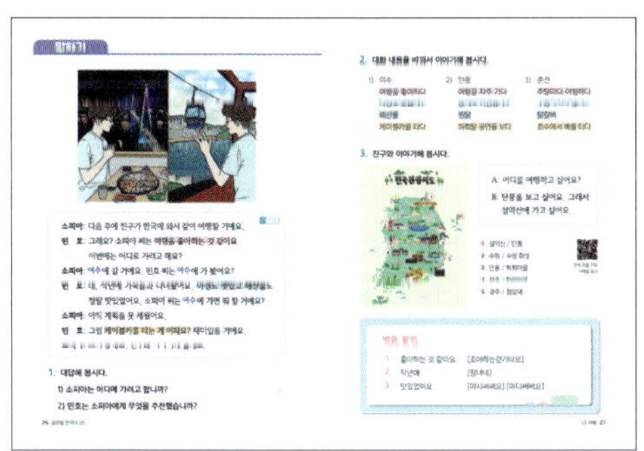

'말하기'에서는 각 과에서 학습한 주제 어휘와 문법을 중심으로 모범 대화를 구성하여 제시하였다. '대답해 봅시다'의 2개 질문을 통해 말하기 본문을 이해했는지 학습자들이 확인하도록 하였다. 그리고 대화 내용을 바꿔서 말할 수 있도록 교체되는 부분에 색을 달리하여 제시함으로써 학습자들이 단순 대화 연습에서 머무르지 않고 유사한 내용으로 확장된 대화를 더 연습할 수 있도록 구성하였다. 더 나아가 말하기 활동을 추가해서 학습자들이 주제와 관련된 내용으로 재미있게 심화 학습을 할 수 있도록 하였다.

○ 문법과 표현 3~4

'문법과 표현3~4'는 '국제 통용 한국어 표준 교육과정'의 문법을 바탕으로 가장 빈도 높은 문법들을 골라 주제에 맞게 선정하여 제시하였다. 학습자들이 기본 문형을 익힐 수 있게 형식을 제시하였고 연습1과 연습2에서는 기본 대화와 확장 연습을 통해 유의미한 활동을 하도록 구성하였다.

○ 듣고 말하기/쓰기

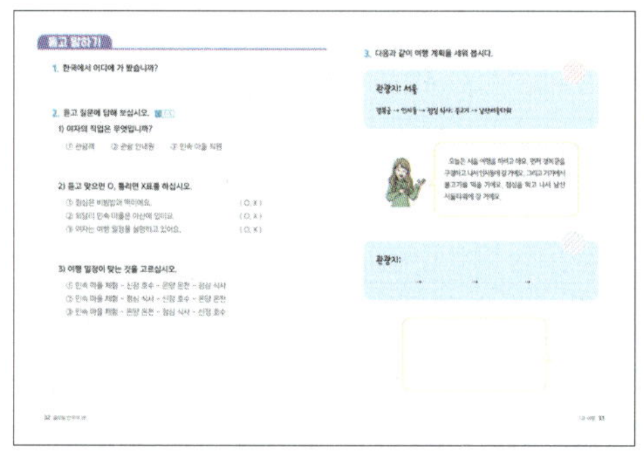

'듣고 말하기/쓰기'에서는 도입 질문으로 듣기 내용을 추측해 볼 수 있게 하였고 내용을 들은 후에 2개의 내용 이해 문제를 풀도록 구성하였다. 그 후 들은 내용과 관계있는 말하기나 쓰기 활동을 넣어서 학습자들이 의사소통 능력을 향상시킬 수 있도록 하였다.

○ 읽고 쓰기/말하기

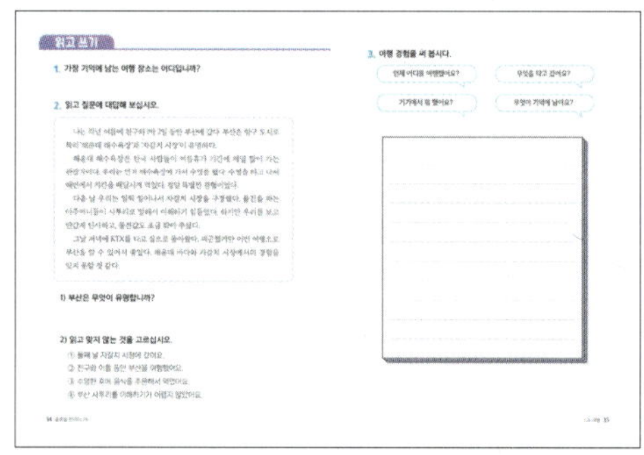

'읽고 쓰기/말하기'에서는 도입 질문을 통해 학습자들이 읽기 내용에 대해 생각해 보도록 하였고, 읽기 활동 후에는 2개의 내용 이해 문제를 넣어서 학습자들이 글을 잘 이해했는지 점검해 보도록 구성하였다. 더 나아가 쓰기나 말하기 활동을 넣어서 학습자들이 쓰기, 말하기로의 연계 활동을 할 수 있도록 하였다.

○ 과제 활동

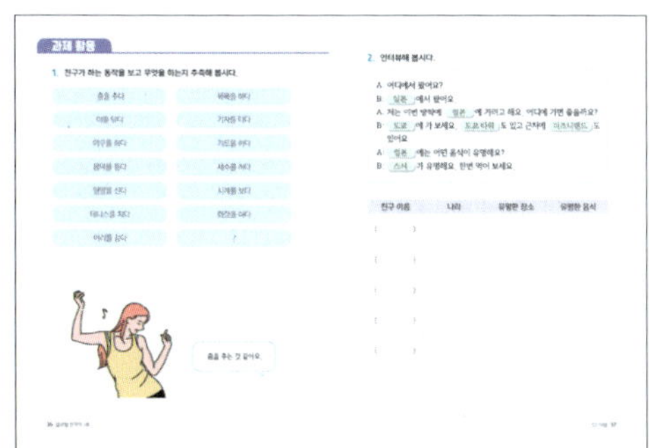

'과제 활동'에서는 통합 활동으로써 의사소통의 네 가지 영역을 아우르며 학습자들이 각 과의 주제에 맞는 실제적인 활동을 다양하게 하도록 구성하였다.

○ 어휘 목록, 자기 평가 및 문화 읽기

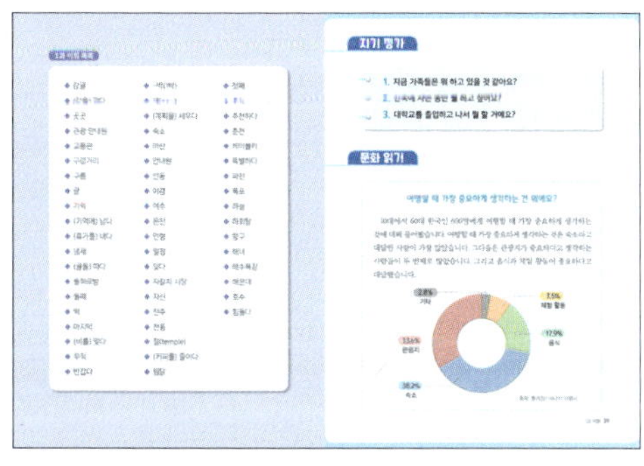

- '어휘 목록'에서는 어휘, 문법과 표현1~2, 듣기, 말하기, 문법과 표현3~4, 듣고 말하기/쓰기, 읽고 쓰기/말하기, 과제 활동의 어휘 목록을 넣어서 각 과의 50~60여 개의 어휘를 한눈에 볼 수 있게 하였다.
- '자기 평가'에서는 학습자가 각 과에서 가장 중요한 어휘와 문법을 알고 있는지 질문을 통해 스스로 확인할 수 있게 하였다.
- '문화 읽기'에서는 각 과의 주제에 맞는 읽기 자료를 제시하여 학습자들이 한국 문화를 쉽게 이해할 수 있도록 구성하였다.

목차

히엔

유토

소피아

타냐

최수아

케빈

등장인물

저스틴

리우청

이민호

알렉스

아만다

1과 여행

여행을 정말 좋아하는 것 같아요

학습 목표

1. 관광지를 추천할 수 있다.
2. 여행 경험을 말할 수 있다.

어휘

1. 관광 장소 어휘
2. 여행 상품 어휘

문법과 표현

1. -는 게 어때요?
2. -(으)ㄴ/는/(으)ㄹ 것 같다
3. -는 동안
4. -고 나서

어 휘

1. 관광 장소입니다. 읽어 봅시다.

관광지

섬

온천

호수

폭포

절

해수욕장

민속촌

고향에 유명한 온천이 있어요?

네, 온양 온천이 유명해요.

2. 여행 상품 소개입니다. 맞는 단어를 쓰고 이야기해 봅시다.

기간	교통편	숙소	요금	일정

1박 2일 부산 여행

기간	1박 2일(매주 토요일 출발)
	기차 + 버스
	부산 호텔
	300,000원
	첫째 날: 서울역 → 자갈치 시장 → 해운대 해수욕장 → 광안리 둘째 날: 용궁사(절) → 국제 시장 → 서울역

1) 어디로 여행을 가요?

2) 무엇을 타고 가요?

3) 숙소는 어디예요?

4) 여행 요금은 얼마예요?

5) 부산에서 제일 먼저 가는 곳은 어디예요?

문법과 표현1 [동]는 게 어때요?

A: 이번 문화 연수는 어디로 가면 좋을까요?

B: 한국의 전통문화를 체험할 수 있는 민속촌에 **가는 게 어때요**?

- 날씨가 더우니까 반바지를 **입는 게 어때**?
- 친구에게 먼저 **연락해 보는 게 어때요**?
- 공기가 안 좋은데 창문을 좀 **여는 게 어때요**?

연습1 맞게 연결하고 이야기해 봅시다.

1) 요즘 일도 많고 좀 피곤해요. •	• 인삼차를 선물하다
2) 휴대폰이 자주 고장이 나요. •	• 휴가를 내고 좀 쉬다
3) 어머니 생신 선물을 사야 해요. •	• 새 휴대폰으로 바꾸다
4) 우리 뭐 먹을까요? •	• 커피를 줄이고 운동하다
5) 요즘 밤에 잠이 안 와요. •	• 시원한 냉면을 먹다

요즘 일도 많고 좀 피곤해요.

휴가를 내고 좀 **쉬는 게 어때요**?

연습2 알맞은 말을 쓰고 이야기해 봅시다.

> A: 오늘 시험 끝나면 같이 노는 게 어때?
>
> B: 그래, 좋아. 이따가 시험 끝나고 만나.

1) A: 주말에 영화 보러 갈까요?

   B: 주말에는 사람이 많으니까 다른 날 ______________________?

2) A: 소포를 배로 ______________________?

   B: 빨리 도착해야 하니까 비행기로 부칩시다.

3) A: 노트북을 사려고 하는데 어디에서 사는 게 좋을까요?

   B: 인터넷이 싸니까 ______________________?

4) A: 길이 막히는데 ______________________?

   B: 좋아요. 퇴근 시간이니까 지하철이 빠를 거예요.

5) A: 오늘 우리 외식할까?

   B: 비도 오는데 집에서 ______________________?

문법과 표현2 [동](으)ㄴ/는/(으)ㄹ 것 같다

A: 이번 주말에는 전주로 여행을 가려고 해요.

B: 미나 씨는 여행을 정말 **좋아하는 것 같아요**.

- 벌써 밥을 다 **먹은 것 같아요**.
- 저스틴 씨는 한국 드라마를 자주 **보는 것 같아요**.
- 내일도 눈이 많이 **내릴 것 같아요**.

연습1 알맞은 문장을 쓰고 읽어 봅시다.

1) 가게 문을 닫다

벌써 닫은 것 같아요.
지금 ______________________.
곧 ______________________.

2) 기타를 배우다

예전에 ______________________.
요즘 ______________________.
나중에 ______________________.

3) 친구와 놀다

아까 ______________________.
지금 ______________________.
내일 ______________________.

연습2 **알맞은 말을 쓰고 이야기해 봅시다.**

1) A: 이민다 씨, 룰라 씨가 왜 학교에 안 왔어요?

B: 룰라 씨가 어제 비를 많이 맞았어요. 그래서 감기에 걸린 것 같아요.

2) A: 저 가수 어때요?

B: 춤도 잘 추고 노래도 잘 ______________________.

3) A: 방에서 라면 냄새가 나요.

B: 아까 방 친구가 라면을 ______________________.

4) A: 이 옷 어때요?

B: 지수 씨한테 잘 ______________________. 한번 입어 보세요.

5) A: 오후에 날씨가 어떨까요?

B: 하늘이 흐리고 구름이 많아요. 비가 ______________________.

6) A: 준혁 씨가 전화를 안 받아요.

B: 아미 ______________________. 이따가 다시 전화해요

연습3 그림을 보고 문장을 써 봅시다.

여기는 수미의 방이에요.

1) 수미는 피아노를 잘 치는 것 같아요. / 칠 것 같아요 ________.

2) 인형을 ________________________.

3) 감기에 ________________________.

4) 선물을 ________________________.

5) 이따가 커피를 ________________________.

6) 탁구를 잘 ________________________.

7) 잠깐 밖에 ________________________.

8) 점심에 피자를 ________________________.

듣기

1. 제주도는 무엇이 유명합니까?

한라산

돌하르방

정방폭포

감귤

해녀

2. 듣고 질문에 답해 보십시오. 1-1

1) 남자가 제주도에서 하지 않은 것을 고르십시오.

① 귤 따기

② 폭포 구경

③ 해녀 체험

④ 한라산 등산

2) 듣고 맞으면 O, 틀리면 X표를 하십시오.

① 여자는 내년에 다시 제주도에 가고 싶어 해요. (O, X)

② 여자는 남자에게 감귤 따기 체험을 추천했어요. (O, X)

말하기

1-2

소피아: 다음 주에 친구가 한국에 와서 같이 여행할 거예요.

민　호: 그래요? 소피아 씨는 여행을 좋아하는 것 같아요.
이번에는 어디로 가려고 해요?

소피아: 여수에 갈 거예요. 민호 씨는 여수에 가 봤어요?

민　호: 네, 작년에 가족들과 다녀왔어요. 야경도 멋있고 해산물도 정말 맛있었어요. 소피아 씨는 여수에 가면 뭐 할 거예요?

소피아: 아직 계획을 못 세웠어요.

민　호: 그럼 케이블카를 타는 게 어때요? 재미있을 거예요.

소피아: 그거 좋네요. 친구와 이야기해 볼게요.

1. 대답해 봅시다.

1) 소피아는 어디에 가려고 합니까?

2) 민호는 소피아에게 무엇을 추천했습니까?

2. 대화 내용을 바꿔서 이야기해 봅시다.

1) 여수	2) 안동	3) 춘천
여행을 좋아하다	여행을 자주 가다	주말마다 여행하다
야경도 멋있다 / 해산물	경치도 아름답다 / 찜닭	구경거리가 많다 / 닭갈비
케이블카를 타다	하회탈 공연을 보다	호수에서 배를 타다

3. 친구와 이야기해 봅시다.

A: 어디를 여행하고 싶어요?

B: 단풍을 보고 싶어요. 그래서 설악산에 가고 싶어요.

1 설악산 / 단풍
2 수원 / 수원 화성
3 안동 / 하회마을
4 전주 / 한옥마을
5 경주 / 첨성대

전국 관광 지도
지역명 표기

발음 확인

1. 좋아하는 것 같아요 [조아하는걷가타요]
2. 작년에 [장녀네]
3. 맛있었어요 [마시써써요] [마디써써요]

문법과 표현3 [동]는 동안

A: 이번에 경주 여행을 가지요? 잘 다녀오세요.

B: 네, 경주 여행을 **하는 동안** 한국 문화를 많이 배우고 싶어요.

- 지난 방학에 **쉬는 동안** 책을 많이 읽었어요.
- 저스틴이 케이크를 **만드는 동안** 친구들은 파티 준비를 했어요.

[명] 동안
- **저는 6개월 동안 한국에 살았어요.**

연습1 다음과 같이 말해 봅시다.

1) 한국에서 살다 / 한국 곳곳을 여행하고 싶다

2) 비행기를 타고 가다 / 음악을 들었다

3) 내가 책을 읽다 / 동생은 옆에서 만화책을 읽었다

4) 아기가 자다 / 나도 쉬려고 하다

한국에서 **사는 동안**
한국 곳곳을 여행하고 싶어요.

연습2 알맞은 문장을 쓰고 이야기해 봅시다.

1)

A: 몇 시간 동안 이야기했어요?

B: <u>한 시간 동안 이야기했어요</u>.

2)

A: 얼마 동안 기타를 배웠어요?

B: ______________________________.

3)

A: 며칠 동안 병원에 입원해야 해요?

B: ______________________________.

4)

A: 몇 달 동안 아르바이트를 할 계획이에요?

B: ______________________________.

연습3 다음과 같이 이야기해 봅시다.

A: 어제 몇 시간 동안 잤어요?

B: 7시간 동안 잤어요.

1) 어제 몇 시간 동안 잤어요?

2) 내가 요리하는 동안 너는 뭐 할 거야?

3) 버스를 타고 가는 동안 보통 뭐 해요?

4) 한국에 사는 동안 뭘 하고 싶어요?

문법과 표현4 [동]고 나서

A: 숙소는 예약했어요?

B: 아니요, 비행기 표를 **사고 나서** 예약할 거예요.

- 책을 다 **읽고 나서** 자신의 생각을 글로 써 보세요.
- 대학교를 **졸업하고 나서** 대학원에 가려고 해요.

연습1 **다음과 같이 쓰고 읽어 봅시다.**

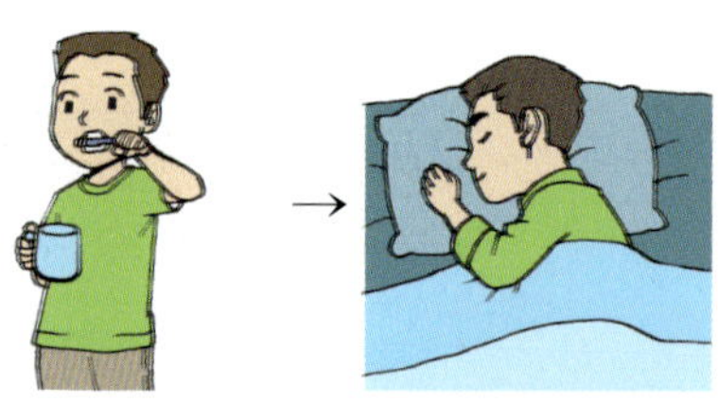

이를 닦고 나서 잠을 잤어요.

1) → ______________________________.

2) → ______________________________.

3) → ______________________________.

4) → ______________________________.

연습2 알맞은 말을 쓰고 이야기해 봅시다.

1) A: 나음 모임은 어디에서 할 거예요?

B: 장소를 정하고 나서 연락할게요.

2) A: 지금 책 빌리러 도서관에 가요.

B: 그럼 ______________________________ 기숙사 앞으로 오세요.

3) A: 선생님, 지금 질문해도 돼요?

B: 먼저 선생님 설명을 ______________________________ 질문하세요.

4) A: 어제 수업이 끝난 후에 뭐 했어요?

B: ____.

연습3 다음과 같이 이야기해 봅시다.

언제 아침 먹을 거예요?

씻고 나서 먹을 거예요.

1) 언제 아침 먹을 거예요?

2) 언제 출발할 거예요?

3) 언제 숙제를 할 거예요?

4) 언제 고향에 돌아갈 거예요?

듣고 말하기

1. 한국에서 어디에 가 봤습니까?

2. 듣고 질문에 답해 보십시오. 1-3

1) 여자의 직업은 무엇입니까?

① 관광객　② 관광 안내원　③ 민속 마을 직원

2) 듣고 맞으면 O, 틀리면 X표를 하십시오.

① 점심은 비빔밥과 떡이에요. (O, X)
② 외암리 민속 마을은 아산에 있어요. (O, X)
③ 여자는 여행 일정을 설명하고 있어요. (O, X)

3) 여행 일정이 맞는 것을 고르십시오.

① 민속 마을 체험 - 신정 호수 - 온양 온천 - 점심 식사
② 민속 마을 체험 - 점심 식사 - 신정 호수 - 온양 온천
③ 민속 마을 체험 - 온양 온천 - 점심 식사 - 신정 호수

3. 다음과 같이 여행 계획을 세워 봅시다.

관광지: 서울

경복궁 → 인사동 → 점심 식사: 불고기 → 남산서울타워

오늘은 서울 여행을 하려고 해요. 먼저 경복궁을 구경하고 나서 인사동에 갈 거예요. 그리고 거기에서 불고기를 먹을 거예요. 점심을 먹고 나서 남산서울타워에 갈 거예요.

관광지:

→ → →

읽고 쓰기

1. 가장 기억에 남는 여행 장소는 어디입니까?

2. 읽고 질문에 대답해 보십시오.

나는 작년 여름에 친구와 1박 2일 동안 부산에 갔다. 부산은 항구 도시로 특히 '해운대 해수욕장'과 '자갈치 시장'이 유명하다.

해운대 해수욕장은 한국 사람들이 여름휴가 기간에 제일 많이 가는 관광지이다. 우리는 먼저 해수욕장에 가서 수영을 했다. 수영을 하고 나서 해변에서 치킨을 배달시켜 먹었다. 정말 특별한 경험이었다.

다음 날 우리는 일찍 일어나서 자갈치 시장을 구경했다. 물건을 파는 아주머니들이 사투리로 말해서 이해하기 힘들었다. 하지만 우리를 보고 반갑게 인사하고, 물건값도 조금 깎아 주셨다.

그날 저녁에 KTX를 타고 집으로 돌아왔다. 피곤했지만 이번 여행으로 부산을 알 수 있어서 좋았다. 해운대 바다와 자갈치 시장에서의 경험을 잊지 못할 것 같다.

1) 부산은 무엇이 유명합니까?

2) 읽고 맞지 않는 것을 고르십시오.

① 둘째 날 자갈치 시장에 갔어요.

② 친구와 이틀 동안 부산을 여행했어요.

③ 수영한 후에 음식을 주문해서 먹었어요.

④ 부산 사투리를 이해하기가 어렵지 않았어요.

3. 여행 경험을 써 봅시다.

언제 어디를 여행했어요?

무엇을 타고 갔어요?

거기에서 뭐 했어요?

무엇이 기억에 남아요?

과제 활동

1. 친구가 하는 동작을 보고 무엇을 하는지 추측해 봅시다.

- 춤을 추다
- 이를 닦다
- 야구를 하다
- 음악을 듣다
- 양말을 신다
- 테니스를 치다
- 머리를 감다

- 목욕을 하다
- 기차를 타다
- 기도를 하다
- 세수를 하다
- 시계를 보다
- 화장을 하다
- ?

춤을 추는 것 같아요.

2. 인터뷰해 봅시다.

A: 어디에서 왔어요?

B: 일본 에서 왔어요.

A: 저는 이번 방학에 일본 에 가려고 해요. 어디에 가면 좋을까요?

B: 도쿄 에 가 보세요. 도쿄 타워 도 있고 근처에 디즈니랜드 도 있어요.

A: 일본 에는 어떤 음식이 유명해요?

B: 스시 가 유명해요. 한번 먹어 보세요.

친구 이름	나라	유명한 장소	유명한 음식
(　　　　)			
(　　　　)			
(　　　　)			
(　　　　)			
(　　　　)			

1과 어휘 목록

- 감귤
- (값을) 깎다
- 곳곳
- 관광 안내원
- 교통편
- 구경거리
- 구름
- 글
- 기억
- (기억에) 남다
- (휴가를) 내다
- 냄새
- (귤을) 따다
- 돌하르방
- 둘째
- 떡
- 마지막
- (비를) 맞다
- 무척
- 반갑다
- ~박(1박)
- 새(new)
- (계획을) 세우다
- 숙소
- 아산
- 안내원
- 안동
- 야경
- 여수
- 온천
- 인형
- 일정
- 잊다
- 자갈치 시장
- 자신
- 전주
- 전통
- 절(temple)
- (커피를) 줄이다
- 찜닭
- 첫째
- 추억
- 추천하다
- 춘천
- 케이블카
- 특별하다
- 파전
- 폭포
- 하늘
- 하회탈
- 항구
- 해녀
- 해수욕장
- 해운대
- 호수
- 힘들다

자기 평가

 1. 지금 가족들은 뭐 하고 있을 것 같아요?

 2. 한국에 사는 동안 뭘 하고 싶어요?

 3. 대학교를 졸업하고 나서 뭘 할 거예요?

문화 읽기

여행할 때 가장 중요하게 생각하는 건 뭐예요?

10대에서 60대 한국인 600명에게 여행할 때 가장 중요하게 생각하는 것에 대해 물어봤습니다. 여행할 때 가장 중요하게 생각하는 것은 숙소라고 대답한 사람이 가장 많았습니다. 그다음은 관광지가 중요하다고 생각하는 사람들이 두 번째로 많았습니다. 그리고 음식과 체험 활동이 중요하다고 대답했습니다.

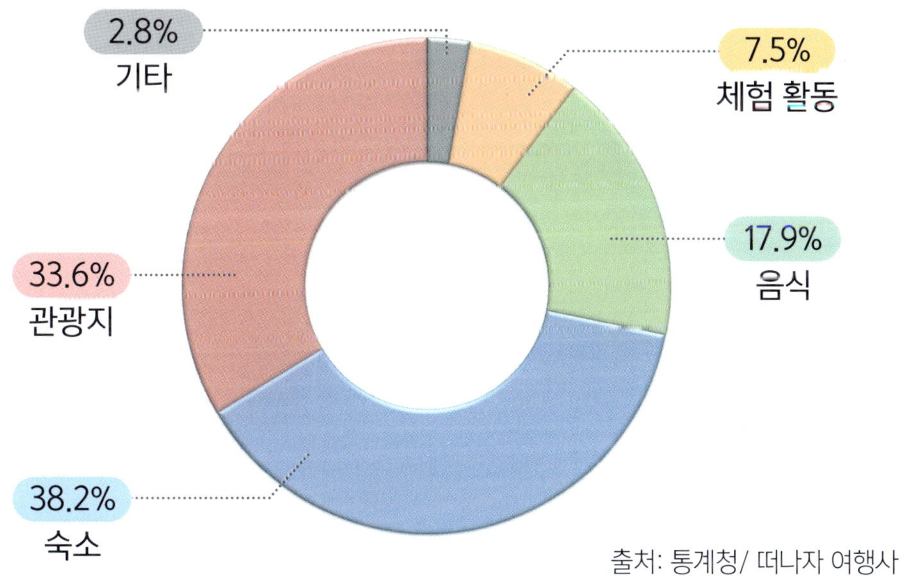

출처: 통계청/ 떠나자 여행사

2과 영화와 드라마

영화를 보면서 팝콘도 먹어요

학습 목표

1. 좋아하는 영화 장르를 말할 수 있다.
2. 기억에 남는 드라마에 대해 말할 수 있다.

어휘

1. 영화 장르 어휘
2. 영화 관련 어휘

문법과 표현

1. -(으)면서
2. -(으)ㄴ/(으)ㄹ 것 같다
3. -이나/나[2]
4. 얼마나 -(으)ㄴ지 모르다

어 휘

1. 영화 장르입니다. 이야기해 봅시다.

코미디

로맨스

공포

액션

에스에프(SF)

판타지

애니메이션

뮤지컬

사극

어떤 영화를 좋아해요?

코미디 영화를 좋아해요.

2. 영화 관련 어휘입니다. 맞는 것을 연결해 봅시다.

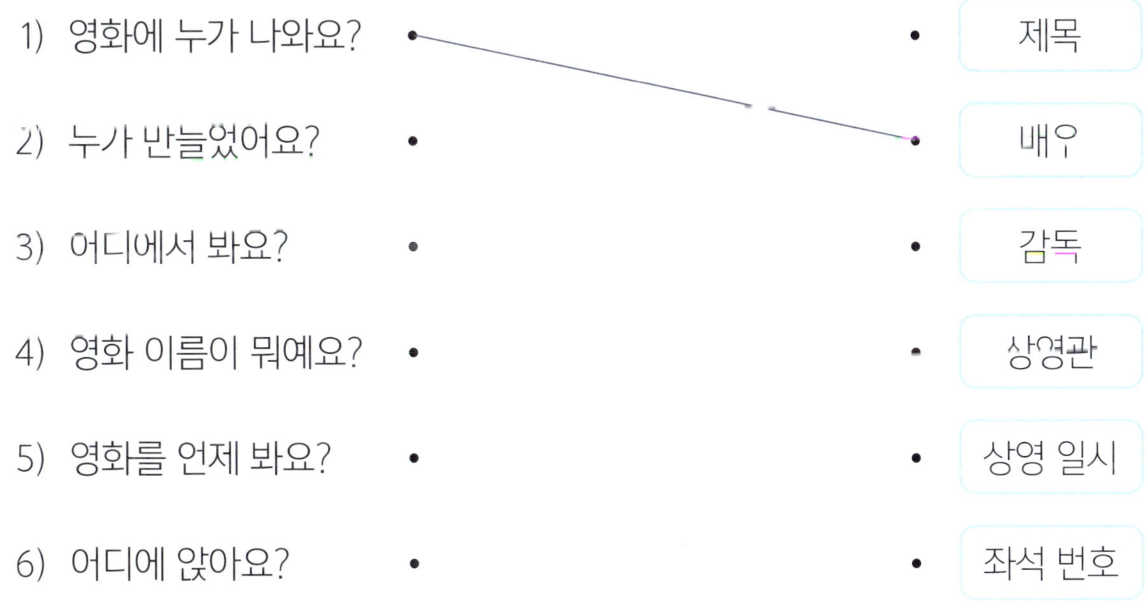

문법과 표현1 [동](으)면서

A: 주말에 우리 집에서 영화 볼래요?

B: 좋아요. 우리 영화를 **보면서** 맛있는 음식도 먹어요.

- 친구가 소설책을 **읽으면서** 울고 있어요.
- 매일 아침 커피를 **마시면서** 신문을 봐요.

연습1 알맞은 말을 쓰고 읽어 봅시다.

1) 

팝콘을 먹으면서 드라마를 봐요.

2)

친구랑 __________ 밥을 먹었어요.

3) 

책을 __________ 웃어요.

4)

__________ 전화하면 안 돼요.

5) 

음악을 __________ 공부했어요.

6) 

케이크를 __________ 노래를 불러요.

연습2 **알맞은 말을 쓰고 이야기해 봅시다.**

1) A: 그 배우의 어떤 점이 좋아요?

B: 항상 웃으면서 말하는 모습이 정말 마음에 들어요.

2) A: 김밥 만드는 방법을 알아요?

B: 몰라요. 그래서 동영상을 ____________________ 만들 거예요.

3) A: 그 영화 어땠어요?

B: 너무 슬펐어요. 그래서 ____________________ 봤어요.

4) A: 어제 생일 파티에서 뭐 했어요?

B: 기타를 ____________________ 노래를 불렀어요.

5) A: 너무 배부른데 우리 잠깐 걸을까요?

B: 네, 좋아요. ____________________ 이야기해요.

연습3 **이야기해 봅시다.**

1) 보통 산책을 하면서 뭐 해요?

2) 어제 저녁에 밥을 먹으면서 뭐 했어요?

3) 버스를 타고 가면서 뭐 해요?

4) 음악을 들으면서 뭘 할 수 있어요?

문법과 표현2 [형](으)ㄴ/(으)ㄹ 것 같다

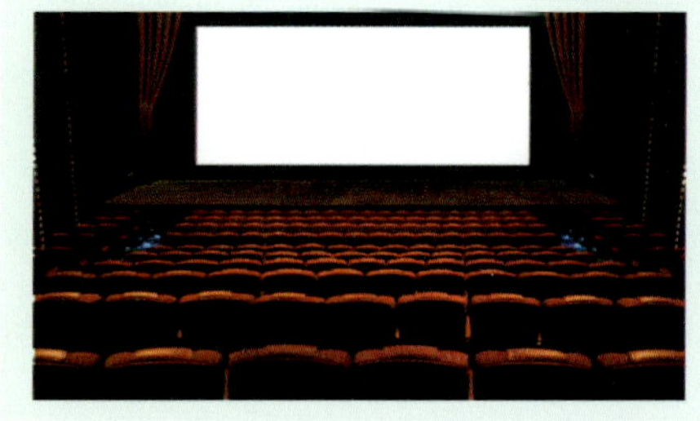

A: 상영관이 정말 크네요.

B: 그러네요. 다른 상영관보다 더 **넓은 것 같아요**.

- 친구가 많이 **아픈 것 같아요**. 병원에 입원했어요.
- 저 배우는 연기도 잘하고 정말 **멋있는 것 같아요**.
- 내일도 날씨가 **맑을 것 같아요**. 소풍 갑시다.
- 그 아르바이트는 정말 **힘들 것 같아요**.

[명]인 것 같다

- 저 사람이 민호 씨 형인 것 같아요. 많이 닮았어요.

연습1 알맞은 말을 쓰고 읽어 봅시다.

1)

영화가 재미있을 것 같아요.

영화가 재미있는 것 같아요.

2)

구두가 ________________.

구두가 ________________.

3)

김치가 ________________.

김치가 ________________.

연습2 다음과 같이 이야기해 봅시다.

날씨가 좋다 / 소풍을 가다	A: 내일 날씨가 어떨까요? B: 내일은 날씨가 **좋을 것 같아요. 소풍을 갑시다**.

1) 날씨가 따뜻하다 / 캠핑을 가다

2) 날씨가 덥다 / 바다에 가다

3) 날씨가 춥다 / 등산을 취소하다

4) 날씨가 시원하다 / 같이 운동하다

연습3 다음과 같이 이야기해 봅시다.

구두 굽이 높다	A: 손님, 어떠세요? 마음에 드세요? B: 구두 굽이 **좀 높은 것 같아요**. **좀 더 낮은 거** 없어요?

1) 바지 길이가 길다

2) 코트 색깔이 어둡다

3) 모자 사이즈가 크다

4) 가방 가격이 비싸다

연습4 **알맞은 말을 쓰고 이야기해 봅시다.**

1) A: 맛이 어때요? 괜찮아요?

B: 음, 좀 싱거운 것 같아요. 소금을 조금 더 넣으세요.

2) A: 내일이 수진 씨 생일이에요. 무슨 선물이 좋을까요?

B: 수진 씨의 취미가 독서니까 책이 ________________________.

3) A: 이번 시험이 어려울까요?

B: 네, ____________________. 우리 열심히 공부합시다.

4) A: 저 사람은 어느 나라 사람일까요?

B: 일본말을 아주 잘해요. ____________________.

5) A: 지석 씨, 왜 미용실에 가요?

B: 머리가 좀 _________________________ 자르러 가요.

6) A: 준혁아! 민수 얼굴이 안 좋네. 무슨 일 있어?

B: 민수가 요즘 늦게까지 일을 해서 ________________________.

듣기

1. 집에서 영화를 자주 봅니까?

2. 듣고 질문에 답해 보십시오. 2-1

1) 두 사람은 어디에서 영화를 보려고 합니까?

2) 듣고 맞으면 O, 틀리면 X표를 하십시오.

① 두 사람은 치킨을 먹었어요. (O, X)

② 여자는 무서운 영화를 좋아해요. (O, X)

③ 두 사람은 공포 영화를 볼 거예요. (O, X)

말하기

2-2

히 엔: 케빈 씨, 우리 무슨 영화 볼까요?

케 빈: '해운대'나 '엄마의 눈물' 어때요?

히 엔: 저는 '엄마의 눈물'을 보고 싶어요. 좀 슬프지만 재미있을 것 같아요.

케 빈: 어? 근데 '엄마의 눈물'은 벌써 매진됐어요.
음, '해운대'는 자리가 조금 남았어요.

히 엔: 근데 자리가 너무 앞쪽이라서 목이 아플 것 같은데 괜찮을까요?

케 빈: 괜찮아요. 그냥 그걸로 해요.

히 엔: 영화 보면서 팝콘도 먹을 거죠? 제가 사 올게요.

1. 대답해 봅시다.

1) 두 사람은 어떤 영화를 볼 겁니까?

2) 두 사람은 왜 '엄마의 눈물'을 볼 수 없습니까?

2. 대화 내용을 바꿔서 이야기해 봅시다.

1) 좀 슬프다 / 재미있다 벌써 매진됐다 목이 아프다	2) 유명한 배우는 안 나오다 / 괜찮다 자리가 없다 화면을 보기 힘들다	3) 좋아하는 장르는 아니다 / 감동적이다 표가 없다 좀 불편하다

3. 다음과 같이 이야기해 봅시다.

음치클리닉 (코미디) 1관		장화, 홍련 (공포) 2관		겨울 왕국 (애니메이션) 3관		?	
10:00	매진	9:00	20석	10:50	매진		
13:10	15석	11:30	30석	13:20	14석		
15:30	24석	15:30	52석	16:20	매진		
19:30	3석	20:10	매진	19:30	9석		
22:40	50석	22:30	35석	23:10	85석		

A: OO 씨, 우리 어떤 영화 볼까요?

B: 저는 코미디 영화를 보고 싶어요.

A: 그럼 음치클리닉 어때요? 재미있을 것 같아요.

B: 좋아요. 몇 시 영화 볼까요?

A: 세 시 반 영화 어때요?

발음 확인

1. 재미있을 것 같아요 [재미이쓸껀가타요]
2. 괜찮을까요 [괜차늘까요]
3. 사 올게요 [사올께요]

문법과 표현3 [명]이나/나²

A: 수아 씨, 이 드라마 봤어요?

B: 네, 너무 재미있어서 **세 번이나** 봤어요.

- 집에 자동차가 **3대나** 있어요.
- 한국어를 배운 지 벌써 **5년이나** 됐어요.

연습1 다음과 같이 이야기해 봅시다.

1) 주말에 영화를 세 편 봤다
2) 모자를 3개 샀다
3) 한국에 온 지 10년 됐다
4) 케이팝 콘서트에 만 명이 왔다
5) 고양이를 5마리 키우고 있다
6) 밥을 두 그릇 먹었다

주말에 영화를 세 편 봤어요.

영화를 **세 편이나** 봤어요?

연습2 **알맞은 말을 쓰고 이야기해 봅시다.**

1) A: 피자 한 조각 더 먹을래?

B: 아니, 네 조각이나 먹어서 너무 배불러.

2) A: 이번 달 생활비로 100만 원을 썼어요.

B: ______________________ 썼어요? 정말 많이 썼네요.

3) A: 이번 달에는 책을 5권 읽었어.

B: 바쁜데 ______________________ 읽었어? 나는 한 권도 못 읽었어.

4) A: 저는 한국에서 산 지 3년쯤 됐어요.

B: 벌써 ______________________ 됐어요? 저는 3개월도 안 됐어요.

5) A: 어제 저녁 8시부터 아침 8시까지 잤어요.

B: ______________________ 잤어요? 많이 잤네요.

6) A: 커피 드실래요?

B: 괜찮아요. 오늘 벌써 ______________________.

문법과 표현4 얼마나 [형](으)ㄴ지 모르다

A: 이 영화 봤어요?

B: 네, 가족 이야기인데 **얼마나 슬픈지 몰라요**.

- 요즘 과일값이 **얼마나 비싼지 몰라요**.
- 친구가 도와줘서 **얼마나 고마운지 몰라요**.
- 서울의 야경이 **얼마나 멋있는지 몰라요**.

얼마나 [부]+[동]는지 몰라요
- 비가 얼마나 많이 오는지 몰라요.

얼마나 [형]았/었는지 몰라요
- 지난 여름이 얼마나 더웠는지 몰라요.

얼마나 [부]+[동]았/었는지 몰라요
- 어제 저녁을 얼마나 많이 먹었는지 몰라요.

연습1 다음과 같이 말해 봅시다.

1) 저 영화는 상영 시간이 너무 길어요.
2) 어제 산 바지가 참 편해요.
3) 이 만화책이 정말 재미있어요.
4) 어제 극장에 사람이 아주 많았어요.
5) 학생들이 무척 열심히 공부해요.
6) 주말에 눈이 너무 많이 내렸어요.

저 영화는 상영 시간이 **얼마나 긴지 몰라요**.

연습2 **알맞은 말을 쓰고 이야기해 봅시다.**

1) 

미나는 아직도 밥을 먹고 있어?

응, 미나는 밥을 얼마나 천천히 먹는지 몰라. 1시간이나 걸려.

2) 

어제 등산 많이 힘들었지요?

네, 비가 많이 와서 ______________.

3) 

새로 산 노트북 어때요? 가벼워요?

네, 새로 산 노트북이 ______________.

4) 

그 드라마 재미있어?

아니, ______________. 지루해서 그냥 잤어.

5) 

어제 친구들이랑 재미있게 놀았어요?

네, 오랜만에 만나서 ______________.

듣고 말하기

1. 재미있게 본 한국 드라마가 있습니까?

2. 듣고 질문에 답해 보십시오. 2-3

1) 여자는 '대답하라 1988' 드라마를 몇 번 봤습니까?

2) 듣고 맞으면 O, 틀리면 X표를 하십시오.

① 남자는 드라마를 끝까지 봤어요. (O, X)

② 남자가 여자에게 뮤지컬 영화를 소개해요. (O, X)

③ 여자가 좋아하는 배우가 뮤지컬 영화에도 나왔어요. (O, X)

3. 친구와 이야기해 봅시다.

어떤 장르의 드라마를
자주 봐요?

로맨스 드라마를 자주 봐요.

어떤 배우를 좋아해요?

'백보겸'을 좋아해요.
연기를 잘해서요.

소개하고 싶은 드라마가
뭐예요?

'청춘일기'예요.
한번 보세요.

읽고 쓰기

1. 언제 한국 드라마를 처음 봤습니까?

2. 읽고 질문에 대답해 보십시오.

나는 한국 드라마를 무척 좋아한다. 모든 장르의 드라마를 다 좋아하는데 특히 사극 드라마를 좋아한다. 그래서 새로운 드라마가 나오면 꼭 본다. 지금까지 본 한국 드라마가 벌써 10편이나 된다.

내가 처음 본 한국 드라마는 '대장금'인데 아직도 기억에 남는다. 이 드라마는 주인공이 궁에 들어가서 최고의 요리사가 되고 나중에는 최초의 의녀가 되는 내용이다. 내용도 좋고 배우들이 연기를 얼마나 잘하는지 모른다. 이 드라마를 보고 나서 한국 문화에 관심을 갖게 되었고 한국어를 배우기 시작했다.

한국 드라마를 보면 한국의 역사와 전통 음식 등 한국 문화를 간접적으로 체험할 수 있어서 좋다. 그리고 한국어 공부에도 도움이 많이 되는 것 같다. 앞으로도 한국 드라마를 보면서 한국어 공부를 하려고 한다.

1) 이 사람은 어떤 장르의 드라마를 좋아합니까?

2) 읽고 맞으면 O, 틀리면 X표를 하십시오.

① 이 드라마의 배우들은 연기를 아주 잘해요. (O, X)

② 한국 드라마를 보면 한국 문화를 알게 돼요. (O, X)

③ 한국어 때문에 한국 드라마를 보기 시작했어요. (O, X)

3. 기억에 남는 드라마를 소개해 봅시다.

어떤 드라마를 봤습니까?

그 드라마의 장르는 무엇입니까?

어떤 내용입니까?

무엇이 기억에 남습니까?

과제 활동

1. 그림 2개를 골라서 문장을 만들어 봅시다.

음악을 **들으면서** 공부를 해요.

2. 이 영화는 어떨 것 같습니까? 포스터를 보고 자신의 생각을 말해 봅시다.

<영화 1>

▶ 재미있을 것 같아요.

▶

▶

▶

▶

▶

<영화 2>

▶

▶

▶

▶

▶

▶

2과 어휘 목록

- 간접적
- 감독
- 감동적
- (관심을)갖다
- 굽
- 궁
- 길이
- (주인공이)나오다
- 낮다
- (소금을)넣다
- 높다
- 당연히
- -대(한 대)
- 도움
- (요리사가)되다
- 모습
- 뮤지컬
- 배우
- 사극
- 상영
- 상영관
- 생활비
- 소금
- 소풍
- 싱겁다
- 앞으로
- 애니메이션
- 얼굴
- 에스에프(SF)
- 열
- 의녀
- 일반
- 입장권
- 자막
- 장르
- 전체관람가
- 점
- 정도
- 제목
- 좌석
- 주인공
- 지루하다
- 최고
- 최초
- 콘서트
- 티켓
- 판타지
- 팝콘
- -편(한 편)
- 포스터
- 혹시
- 화면

자기 평가

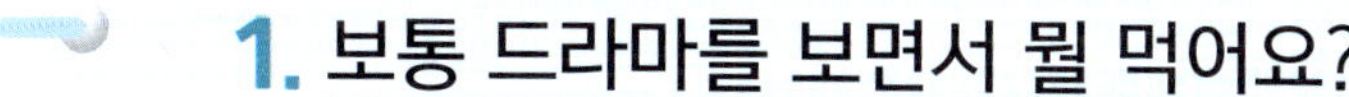
1. 보통 드라마를 보면서 뭘 먹어요?

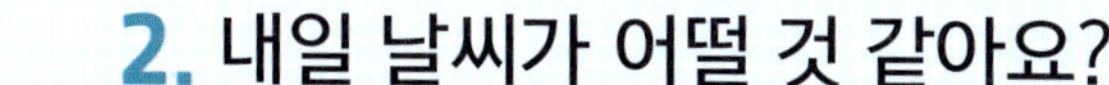
2. 내일 날씨가 어떨 것 같아요?

3. 한 달에 영화를 몇 편이나 봐요?

문화 읽기

문화가 있는 날을 알아요?

매달 마지막 수요일은 문화가 있는 날입니다. 문화가 있는 날에는 영화관, 박물관, 공연장 등 전국 2,000여 개 이상의 문화시설에서 할인을 받을 수 있습니다. 그리고 야간 개장이나 무료 관람 등의 다양한 혜택도 누릴 수 있습니다.

3과 집

욕실은 넓은데 부엌은 좀 좁은 것 같아

학습 목표

1. 집의 구조에 대해 설명할 수 있다.
2. 집안일에 대해 이야기할 수 있다.

어휘

1. 집 구조 어휘
2. 집안일 어휘

문법과 표현

1. -겠[2]-
2. -는데[2]
3. -았/었다가
4. -(으)려고

어 휘

1. 집 구조 어휘입니다. 대답해 봅시다.

1) 침실이 몇 개 있어요?

2) 부엌이 어디에 있어요?

3) 베란다에 무엇이 있어요?

4) 욕실이 어디에 있어요?

5) 현관에 무엇이 있어요?

6) 거실이 좁아요?

2. 집안일 어휘입니다. 이야기해 봅시다.

설거지를 하다

청소기를 돌리다

거울을 닦다

쓰레기를 버리다

먼지를 털다

바닥을 쓸다

세탁기를 돌리다

빨래를 널다

지금 무엇을 해요?

설거지를 해요.

문법과 표현1 [동],[형]겠²-

A: 내일 이사 가기 전에 집을 청소해야 해요.

B: **힘들겠네요**. 제가 좀 도와줄까요?

- 내일은 비가 내리고 바람이 많이 **불겠습니다**.
- 지수 씨가 장학금을 받아서 **기쁘겠어요**.
- 오늘은 월요일이니까 박물관 문을 **닫았겠네요**.

연습1 **다음과 같이 말해 봅시다.**

1) 

곧 비가 오다

2) 

감기에 걸리다

3) 

음식이 맵다

4) 

영화가 무섭다

곧 비가 **오겠어요**.

연습2 **맞게 연결하고 이야기해 봅시다.**

1) 주말에 바다에 놀러 갈 거예요. •	• 약속 시간에 늦다
2) 길이 너무 막히네요. •	• 잠을 잘 못 잤다
3) 오랜만에 고등학교 친구를 만났어요. •	• 아주 반가웠다
4) 어젯밤에 아기가 계속 울었어요. •	• 너무 피곤하다
5) 요즘 계속 밤늦게까지 일을 했어요. •	• 늦게 일어나도 되다
6) 내일부터 방학이에요. •	• 정말 재미있다

주말에 바다에 놀러 갈 거예요.

정말 재미있겠어요.

문법과 표현2 [동]는데[2] [형](으)ㄴ데[2]

A: 수정 씨, 이 집 어때요?

B: 거실은 **넓은데** 부엌은 좁은 것 같아요.

- 그 가수는 노래를 잘 **부르는데** 춤은 못 춰요.
- 이 영화는 좀 **슬픈데** 재미있어요.
- 저는 **초급반인데** 친구는 중급반이에요.
- 처음에는 김치를 잘 못 **먹었는데** 지금은 잘 먹어요.

연습1 다음과 같이 쓰고 읽어 봅시다.

1) 이 집 / 베란다가 있다 ↔ 저 집 / 베란다가 없다

▶ 이 집은 베란다가 **있는데** 저 집은 베란다가 없어요.

2) 나 / 커피를 좋아하다 ↔ 친구 / 커피를 싫어하다

▶ ______________________________.

3) 언니 / 머리가 길다 ↔ 동생 / 머리가 짧다

▶ ______________________________.

4) 어제 / 날씨가 덥다 ↔ 오늘 / 날씨가 시원하다

▶ ______________________________.

5) 호주 / 지금 여름이다 ↔ 한국 / 지금 겨울이다

▶ ______________________________.

연습2 **다음과 같이 쓰고 이야기해 봅시다.**

A: 왜 회사를 그만뒀어요?

B: 일은 <u>재미있는데</u> 월급이 너무 적어서요.

1) A: 이 책 어때요? 좀 어렵죠?

B: 네, 내용은 좀 ____________________ 재미있어요.

2) A: 이 운동화 어때?

B: 디자인은 마음에 ____________________ 색깔이 별로인 것 같아.

3) A: 테니스 칠 수 있어요?

B: 아니요, 배드민턴은 ____________________ 테니스는 못 쳐요.

4) A: 지난번 봉사활동 어땠어요? 많이 힘들었지요?

B: 네, 좀 ____________________ 정말 좋은 경험이었어요.

5) A: 지금 많이 바빠요?

B: 아니요, 지금은 ____________________ 이따가 회의가 있어요.

6) A: 아침에는 비가 많이 ____________________ 지금은 비가 그쳤어요.

B: 우산이 없어서 걱정했는데 다행이네요.

7) A: 두 사람은 나이가 같아요?

B: 아뇨, 저는 ____________________ 이 친구는 스무 살이에요.

연습3 **다음과 같이 이야기해 봅시다.**

1) 잘하는 것과 못하는 것이 뭐예요?

2) 좋아하는 음식과 싫어하는 음식이 뭐예요?

3) 도시와 시골은 무엇이 달라요?

4) 고향과 한국은 무엇이 달라요?

5) 어제 날씨와 오늘 날씨가 어떻게 달라요?

6) 10년 전의 고향과 지금의 고향은 어떻게 달라졌어요?

잘하는 것과 못하는 것이 뭐예요?

저는 청소를 잘하는데 요리는 못해요.

듣기

1. 지금 기숙사에서 삽니까?

2. 듣고 질문에 답해 보십시오. 3-1

1) 남자는 지금 어디에서 삽니까?

2) 듣고 맞으면 O, 틀리면 X표를 하십시오.

① 여자는 집안일을 잘할 수 있어요. (O, X)

② 자취를 하면 해야 할 일이 많아요. (O, X)

③ 남자는 지금 친구들과 함께 생활해요. (O, X)

말하기

3-2

소피아: 아만다, 우리 이사 갈 집 좀 알아보러 나갈까?

아만다: 응, 그런데 오늘은 날씨가 너무 더워서 돌아다니면 힘들 것 같아. 먼저 인터넷으로 찾아보고 나가자.

소피아: 그래. 음……. 이런 집은 어때? 여기는 우리 학교랑 가까워.

아만다: 오! 베란다가 넓어서 좋은데? 그리고 창문이 커서 빨래도 잘 마르겠네.

소피아: 욕실이랑 부엌은 어때?

아만다: 욕실은 넓은데 부엌은 좀 좁은 것 같아.

소피아: 그러네. 부엌이 좁으면 좀 불편하겠다. 다른 집을 좀 더 찾아보자.

1. 대답해 봅시다.

1) 두 사람은 지금 무엇을 합니까?

2) 아만다는 이 집에서 무엇이 마음에 듭니까?

2. 대화 내용을 바꿔서 이야기해 봅시다.

1) 욕실 우리 학교랑 가깝다 빨래도 잘 마르다 욕실은 넓다	2) 침실 바로 앞에 버스 정류장이 있다 햇빛도 잘 들어오다 침실은 크다	3) 거실 지하철역에서 멀지 않다 여름에 시원하다 거실은 넓다

3. 친구와 이야기해 봅시다.

어떤 집에서 살고 싶어요?

저는 요리하는 것을 좋아하니까 부엌이 크면 좋겠어요.

저는 방 두 개에 베란다가 있는 집에서 살고 싶어요.

발음 확인

1. 마르겠네 [마르겐네]
2. 넓은데 [널븐데]
3. 불편하겠다 [불펴나겓따]

문법과 표현3 [동]았/었다가

A: 빨래 다 널었어?

B: 아니, 빨래 널러 **나갔다가** 비가 와서 그냥 들어왔어

- 창문을 **열었다가** 밖이 너무 시끄러워서 닫았어요.
- 토요일로 **예약했다가** 급한 일이 생겨서 취소했어요.

연습1 알맞은 말을 쓰고 읽어 봅시다.

1) 

산에 ______________________ 내려왔어요.

2)  

텔레비전을 ______________________.

3)  

옷을 ______________________.

4) 

화장을 ______________________.

연습2 알맞은 말을 쓰고 이야기해 봅시다.

1) A: 아직도 침대에 있어?

B: 응, 아까 일어났다가 피곤해서 다시 누웠어.

2) A: 컴퓨터가 고장난 것 같아요.

B: 그래요? 그럼 컴퓨터를 잠깐 ____________________ 켜 보세요.

3) A: 이번 방학에 뭐 할 거예요?

B: 이번 방학은 기니까 고향에 ____________________ 오려고 해요.

4) A: 기타 수업 신청했죠? 저도 신청했는데 같이 가요.

B: 아, 저는 갑자기 일이 생겨서 ____________________ 취소했어요.

5) A: 케빈 씨랑 통화했어요?

B: 아니요, 전화를 ____________________ 안 받아서 그냥 끊었어요.

6) A: 글쓰기 숙제 제출했어요?

B: 아뇨, 다 ______ 마음에 안 들어서 다시 쓰고 있어요.

문법과 표현4 [동](으)려고

A: 여보, 내 까만 반바지 어디 있어요?

B: 그거 **빨래하려고** 세탁기 안에 넣었어요.

- 친구들과 같이 **먹으려고** 많이 샀어요.
- 약속 시간에 **늦지 않으려고** 일찍 출발했어요.
- 축제에서 **팔려고** 고향 음식을 만드는 중이에요.

연습1 다음과 같이 이야기해 봅시다.

1) 왜 창문을 열었어요?

청소기를 돌리다	먼지를 털다

2) 왜 사과를 많이 샀어요?

친구들과 나눠 먹다	사과잼을 만들다

3) 왜 한국어를 배워요?

한국어 선생님이 되다	한국 대학교에 입학하다

왜 창문을 열었어요?

청소기를 **돌리려고** 창문을 열었어요.

연습2 **맞게 연결하고 써 봅시다.**

1) 주말에 읽다 •	• 전화를 걸었다
2) 잊어버리지 않다 •	• 밖에 나갔다
3) 닭갈비를 만들다 •	• 메모를 하다
4) 호텔을 예약하다 •	• 사진을 찍고 있다
5) 쓰레기를 버리다 •	• 책을 빌렸다
6) 어머니께 보내 드리다 •	• 재료를 샀다

1) ______________________________.

2) ______________________________.

3) ______________________________.

4) ______________________________.

5) ______________________________.

6) ______________________________.

듣고 말하기

1. 집안일에는 어떤 것들이 있습니까?

2. 듣고 질문에 답해 보십시오. 3-3

1) 여자가 이어서 할 행동을 고르십시오.

① 침대를 정리할 거예요.

② 이불 빨래를 할 거예요.

③ 욕실 거울을 닦을 거예요.

④ 쓰레기를 버리러 나갈 거예요.

2) 듣고 맞으면 O, 틀리면 X표를 하십시오.

① 남자는 오늘 세탁기를 돌릴 거예요. (O, X)

② 남자는 베란다에 쓰레기를 두었어요. (O, X)

3. 인터뷰해 봅시다.

질문	나	친구1 (　　　)	친구2 (　　　)
1) 어떤 집안일을 좋아해요?			
2) 어떤 집안일을 싫어해요?			
3) 오늘 해야 할 집안일은 뭐예요?			

읽고 쓰기

1. 자취를 해 봤습니까?

2. 읽고 질문에 답하십시오.

가 민호의 이야기

나는 친구와 같이 자취를 하고 있다. 학교 근처에 있는 오래된 아파트인데 큰 방이 두 개, 작은 방이 하나 있다. 각자 큰 방을 하나씩 침실로 사용하고 작은 방에서는 같이 공부를 하려고 이 집을 선택했다. 우리는 집안일을 나눠서 하는데 나는 주로 청소와 빨래를 하고, 친구는 요리와 설거지를 한다. 이렇게 집안일을 나눠서 하니까 싸울 일이 없어서 좋은 것 같다.

나 아만다의 이야기

나는 얼마 전부터 기숙사를 나와서 하숙집에서 살고 있다. 하숙집은 기숙사보다 비용은 비싼데 좋은 점이 많다. 먼저 하숙집은 아주머니가 청소를 해 주셔서 정말 편하다. 그리고 매일 아주머니가 해 주시는 아침을 먹고 학교에 갈 수 있다. 학교에 갔다가 돌아오면 하숙집 친구들과 모두 같이 저녁을 먹는다. 우리 하숙집은 가족 같은 분위기여서 정말 좋다.

1) 민호는 어디에서 삽니까?

2) 읽고 맞으면 O, 틀리면 X표를 하십시오.

① 민호의 집은 학교에서 멀고 방이 3개 있어요. (O, X)

② 민호는 요리를 자주 하지만 설거지는 안 해요. (O, X)

3) <나>를 읽고 맞는 것을 고르십시오.

① 하숙집에서 살면 청소는 스스로 해야 해요.
② 하숙집에서 살기 전에 기숙사에서 살았어요.
③ 아만다는 지금 살고 있는 집이 마음에 안 들어요.
④ 아만다는 아침은 집에서 먹고 저녁은 밖에서 먹어요.

3. 지금 살고 있는 집에 대해 써 봅시다.

1) 어디에 살고 있습니까?

2) 그 집의 장점은 무엇입니까?

3) 그 집의 단점은 무엇입니까?

과제 활동

1. '-(으)려고'를 사용해서 문장을 써 봅시다.

- ______________________________
- ______________________________
- ______________________________

한국에 왔어요

- ______________________________
- ______________________________
- ______________________________

음식을 만들어요

- ______________________________
- ______________________________
- ______________________________

인터넷을 해요

2. 나와 어울리는 룸메이트를 찾아봅시다. 읽고 √표를 하십시오.

질문	나	친구1 (　　)	친구2 (　　)
1) 아침에 일찍 일어나서 밥을 꼭 먹는다.			
2) 밤 12시 전에 잠을 잔다.			
3) 밤늦게 음식을 먹는 것을 좋아한다.			
4) 식사 후에 바로 설거지를 한다.			
5) 집안일은 같이 해야 한다.			
6) 청소는 1주일에 한 번 해도 된다.			
7) 집에서 요리를 해서 먹는 것이 좋다.			
8) 서로의 물건을 같이 쓰는 것이 좋다.			
9) 화장실 청소를 중요하게 생각한다.			
10) 불만이 있으면 바로 이야기하는 것이 좋다.			

◎ 8~10개 => 우리는 정말 잘 맞아요.
◎ 5~7개 => 서로 노력하면 잘 지낼 수 있어요.
◎ 0~4개 => 우리는 같이 살면 안 될 것 같아요.

3과 어휘 목록

- 각자
- 갑자기
- 거실
- 거울
- 그만두다
- 글쓰기
- 나누다
- 널다
- 노력하다
- 단점
- 돌리다
- 돌아다니다
- 두다
- 마르다
- 맞다
- 먼지
- 바닥
- 베란다
- 부엌
- 불만
- 선택하다
- 세탁기
- 스스로
- 싸우다
- 쓰레기봉투
- 쓸다
- 아주머니
- 아파트
- 욕실
- 원룸
- 자유롭다
- 자취
- 장점
- 재료
- 잼
- 제출하다
- 중급
- 집안일
- 찾아보다
- 초급
- 침실
- 켜다
- 털다
- 하숙집
- 함께
- 햇빛
- 현관
- 혼자

자기 평가

 1. 왜 창문을 열었다가 닫아요?

 2. 무엇을 하려고 돈을 모아요?

 3. 지금 살고 있는 집은 어때요?

문화 읽기

한국의 부동산에 가 본 적이 있어요?

한국에서는 집을 빌려서 쓰는 방식이 두 가지입니다. 먼저 '월세'는 한 달에 한 번씩 집주인에게 돈을 지불하는 방식입니다. 그런데 한국에는 '전세'라는 방식도 있습니다. 전세는 보증금으로 큰돈을 지불하고 계약 기간 동안 집을 빌려서 쓰는 것인데 계약이 끝나면 보증금을 다시 돌려받습니다. 월세에 비해 보증금이 훨씬 비싸지만 매달 월세를 내지 않아도 되기 때문에 전세를 선호하는 사람들도 있습니다.

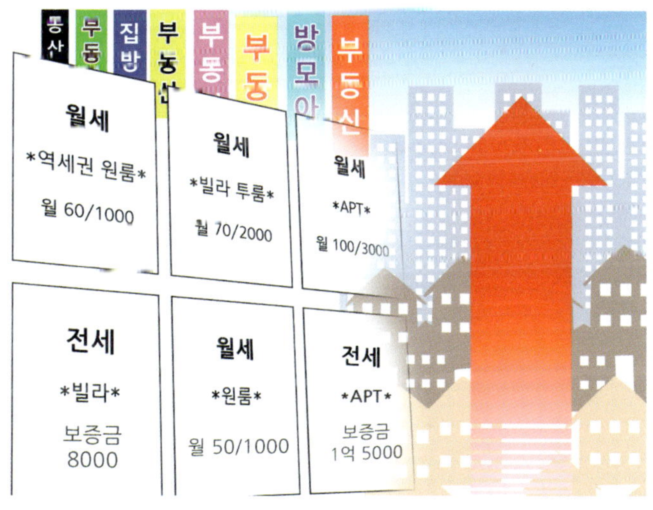

4과 건강

일이 많을 때 스트레스를 받아요

학습 목표

1. 스트레스 푸는 방법을 말할 수 있다.
2. 건강에 좋은 운동과 음식을 말할 수 있다.

어휘

1. 스트레스 증상 어휘
2. 스트레스 해소 어휘

문법과 표현

1. -는 게 좋겠다
2. -(으)ㄹ 때
3. -거나
4. -기로 하다

어 휘

1. 스트레스를 받으면 나타나는 증상입니다. 말해 봅시다.

두통이 심하다

얼굴에 뭐가 나다

스트레스를 받다

잠을 잘 못 자다

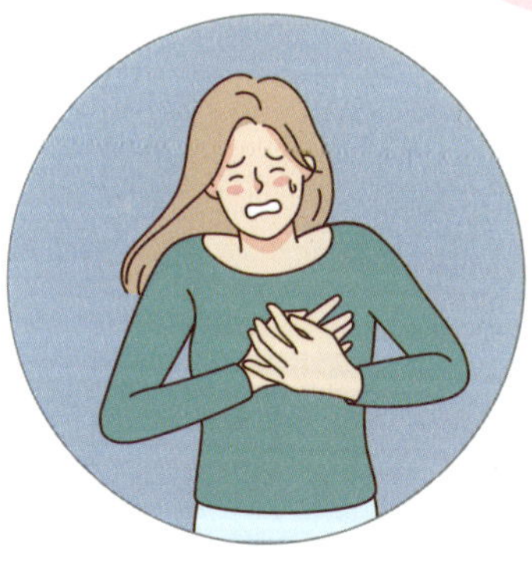

가슴이 답답하다

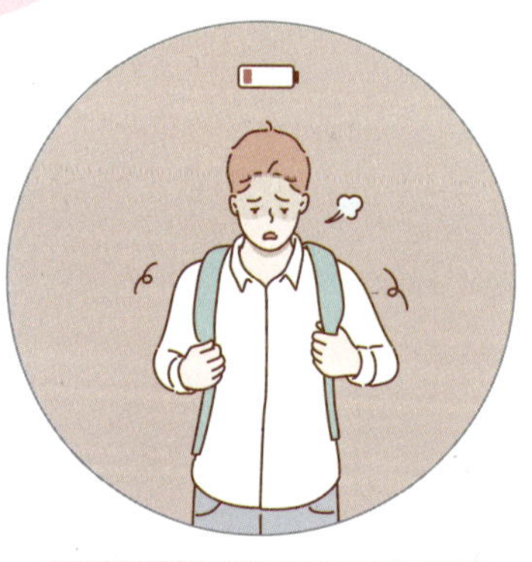

힘이 없다

저는 스트레스를 받으면 얼굴에 뭐가 나요.

2. 스트레스를 해소하는 방법입니다. 이야기해 봅시다.

1) 명상을 하다

2) 수다를 떨다

3) 맛집에 가다

4) 운동을 하다

5) 노래를 부르다

6) 여행을 떠나다

7) 집안 정리를 하다

8) 드라이브를 하다

9) 머리 모양을 바꾸다

스트레스를 어떻게 풀어요?

명상을 해요.

문법과 표현1 [동]는 게 좋겠다

A: 어제부터 두통이 너무 심해요.

B: 그럼, 빨리 병원에 **가는 게 좋겠어요**.

- 쉬운 책부터 **읽는 게 좋겠어요**.
- 오늘 저녁 모임에는 **가지 않는 게 좋겠습니다**.
- 한국에 온 지 얼마 안 되었으니까 기숙사에서 **사는 게 좋겠어요**.

연습1 다음과 같이 이야기해 봅시다.

1) 요즘 스트레스가 많아요.

좀 쉬다	기분 전환을 하다

2) 약속 시간에 많이 늦었어요.

택시를 타다	친구에게 문자를 보내다

3) 날씨가 너무 추워요.

옷을 따뜻하게 입다	따뜻한 차를 마시다

요즘 스트레스가 많아요.

좀 **쉬는 게 좋겠어요**.

연습2 알맞은 말을 쓰고 이야기해 봅시다.

1) 

A: 집이 너무 멀어서 불편해요.

B: 학교 근처로 ______________________.

2) 

A: 내일 수미 씨 생일인데 어떤 선물이 좋을까요?

B: 수미 씨는 식물을 좋아하니까 화분을

______________________________.

3) 

A: 오늘 저녁에 손님을 집으로 초대했어요.

B: 그럼 빨리 ______________________.

4) 

A: 민정아, 맛있는 거 먹으러 나갈까?

B: 지금 바람이 심하게 부니까 오늘은 집에서

______________________________.

연습3 친구에게 조언을 해 봅시다.

1)

밤에 잠을 잘 못 자요.

- 자기 전에 따뜻한 물로 샤워하는 게 좋겠어요.
-

2) 

힘이 없고 늘 피곤해요.

- 운동을 하는 게 좋겠어요.
-

문법과 표현2 [동],[형](으)ㄹ 때

A: 가슴이 **답답할 때** 어떻게 해요?

B: 저는 가슴이 **답답할 때** 드라이브를 해요.

- 룰라 씨는 **웃을 때** 참 예뻐요.
- 기분이 **좋지 않을 때** 단 음식을 먹어요.
- 컵라면에 뜨거운 물을 **부을 때** 조심하세요.
- 저는 **어렸을 때** 가수가 되고 싶었어요.

[명] 때

방학, 시험, 생일, 휴가, 점심, 저녁 + 때

- **방학 때 고향에 갈 거예요.**

연습1 다음과 같이 이야기해 봅시다.

1) 기분이 좋다 / 여행을 떠나다

2) 외롭다 / 혼자 밥을 먹다

3) 엄마가 보고 싶다 / 몸이 아프다

4) 슬펐다 / 시험을 못 봤다

언제 기분이 좋아요?

여행을 **떠날 때** 기분이 좋아요.

연습2 다음과 같이 쓰고 읽어 봅시다.

기쁜 일이 있을 때 부모님께 먼저 연락해요.

1) ______________________ 등산화를 신으세요.

2) ______________________ 커피를 마셔요.

3) ______________________ 전화하면 안 돼요.

4) ______________________ '김치'라고 말해요.

5) ______________________ 따뜻한 물을 많이 드세요.

연습3 **알맞은 말을 쓰고 이야기해 봅시다.**

1) A: 언제 긴장돼요?

B: 다른 사람들 앞에서 발표할 때 긴장이 돼요.

2) A: 언제 스트레스를 받아요?

B: ____________________ 스트레스를 받아요.

3) A: 지난달에 제주도에 _________ 찍은 사진이에요.

B: 제주도 경치가 참 아름다워요.

4) A: 가족이 ____________________ 어떻게 해요?

B: 그럴 때는 영상 통화를 해요.

5) A: 다니엘 씨는 6개월 전에 한국에 왔지요? 어땠어요?

B: 처음 한국에 _________ 모든 게 낯설었어요.

6) ?

A: 여름 방학 때 뭐 할 거예요?

B: ______________________________________.

듣기

1. 어떨 때 학교에 결석합니까?

2. 듣고 질문에 답해 보십시오. 4-1

1) 남자는 언제부터 아팠습니까?

2) 듣고 맞으면 O, 틀리면 X표를 하십시오.

① 남자는 머리가 많이 아파요. (O, X)

② 남자는 학교에 오기 전에 약을 먹었어요. (O, X)

③ 여자는 수업이 끝나고 병원에 가려고 해요. (O, X)

말하기

4-2

리우칭: 히엔 씨, 무슨 일 있어요? 피곤한 것 같아요.

히 엔: 네, 스트레스 때문에 요즘 잠을 잘 못 자요.

리우칭: 그래요? 무슨 일 때문에 스트레스를 받아요?

히 엔: 요즘 아르바이트를 하면서 시험 준비도 해야 해서 그래요. 저는 해야 할 일이 많을 때 스트레스를 받아요.

리우칭: 정말 힘들겠네요. 스트레스가 쌓이면 건강에 안 좋으니까 빨리 스트레스를 푸는 게 좋겠어요. 저랑 바람 쐬러 갈까요?

히 엔: 좋아요. 저도 바람 쐬러 가고 싶었어요.

1. 대답해 봅시다.

1) 히엔은 언제 스트레스를 받습니까?

2) 두 사람은 무엇을 하려고 합니까?

2. 대화 내용을 바꿔서 이야기해 봅시다.

1) 잠을 잘 못 자다 빨리 스트레스를 풀다 바람 쐬다	2) 가슴이 답답하다 기분 전환을 하다 드라이브하다	3) 소화가 잘 안되다 스트레스를 해소하다 맛있는 거 먹다

3. 친구와 이야기해 봅시다.

언제 스트레스를 받아요?

시험공부를 할 때 스트레스를 받아요.

어떻게 스트레스를 풀어요?

맛있는 음식을 먹으면 스트레스가 풀려요.

질문	나	친구 ( )
1) 언제 스트레스를 받아요?		
2) 어떻게 스트레스를 풀어요?		

발음 확인

1. 쌓이면 [싸이면]
2. 많을 때 [마늘때]
3. 좋겠어요 [조케써요]

문법과 표현3 [동]거나

A: 기분이 안 좋으면 어떻게 해요?

B: 머리 모양을 **바꾸거나** 맛있는 음식을 먹어요.

- 자기 전에 음악을 듣**거나** 책을 읽어요.
- 졸릴 때 커피를 **마시거나** 스트레칭을 해요.

연습1 다음과 같이 말해 봅시다.

	금요일	토요일
오전		
오후		
저녁		

금요일 오전에 뭐 해요?

요리를 **하거나** 신문을 읽어요.

연습2 **다음과 같이 알맞은 말을 쓰고 이야기해 봅시다.**

A: 주말에 보통 뭐 해요?

B: 집안 정리를 하거나 가까운 곳으로 드라이브를 가요.

1) A: 친구 생일에 어떤 선물을 할 거예요?

B: ______________________________.

2) A: 이따가 어떤 운동을 할 거예요?

B: ______________________________.

3) A: 친구를 만나면 보통 뭐 해요?

B: ______________________________.

4) A: 감기에 걸리면 어떻게 해야 해요?

B: ______________________________.

5) A: 시간이 많이 있으면 뭘 하고 싶어요?

B: ______________________________.

문법과 표현4 [동]기로 하다

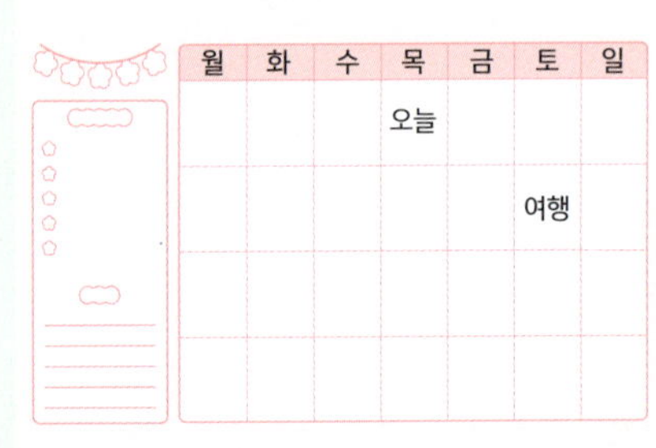

A: 언제 여행을 떠나요?

B: 다음 주 토요일에 **떠나기로 했어요**.

- 저녁에 친구랑 같이 한강 공원을 **걷기로 했어요**.
- 저는 내일부터 일찍 **일어나기로 했습니다**.
- 비가 오면 등산을 **하지 않기로 했어요**.
- 앤디 씨, 우리 오후 2시에 운동장에서 **만나기로 해요**.

연습1 알맞은 말을 쓰고 읽어 봅시다.

1) 

주말에 스트레스를 풀러 캠핑을 가기로 했어요.

2) 

수업이 끝나고 친구와 ______________________.

3) 

오후에 동생이랑 ______________________.

4) 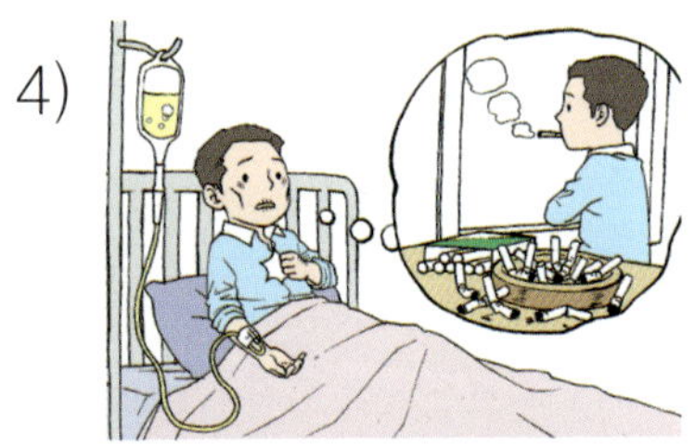

건강 때문에 앞으로 ______________________.

연습2 다음과 같이 쓰고 이야기해 봅시다.

A: 방학 때 뭐 할 거예요?

B: 친구하고 <u>기타를 배우기로 했어요</u>.

1) A: 이번 토요일에 약속 있어요?

B: 네, 엄마랑 ______________________________.

2) A: 오늘 저녁에는 무슨 음식을 만들 거예요?

B: 건강에 좋은 ______________________________.

3) A: 은정 씨네 집들이 갈 때 혼자 갈 거예요?

B: 아니요, 준혁 씨하고 같이 ____________________.

4) A: 제임스 씨, 우리 몇 시에 출발할까요?

B: 1시에 수업이 끝나니까 2시에 ________________.

5) A: 유리 씨에게 선물은 누가 ____________________?

B: 진호 씨가 ______________________________.

6) A: 언제부터 그 회사에서 ____________________?

B: 다음 주부터 ______________________________.

듣고 말하기

1. 건강에 좋은 음식은 무엇이 있습니까?

2. 듣고 질문에 답해 보십시오. 4-3

1) 두 사람은 다음 주부터 어디에 다니기로 했습니까?

2) 듣고 맞는 것을 고르십시오.

① 수잔은 요즘 주말마다 자전거를 타요.
② 수잔은 운동보다 음식에 더 신경을 써요.
③ 수잔은 피부 때문에 고민을 하고 있어요.
④ 수잔은 당근과 블루베리를 자주 챙겨 먹어요.

3. 친구와 같이 이야기해 봅시다.

건강을 생각해서 자주 먹는 음식이 있어요?

저는 당근을 자주 먹어요. 당근은 비타민 A가 많아서 눈에 좋아요.

읽고 쓰기

1. 요가를 해 봤습니까?

2. 지수의 이야기입니다. 읽고 질문에 대답해 보십시오.

요즘 사람들은 건강에 관심이 많다. 그래서 몸에 좋은 음식을 먹거나 운동을 한다. 나는 매일 요가를 하고 있다.

나는 고등학생 때 무거운 가방을 들고 다녀서 자세가 나빠졌다. 특히 허리와 어깨가 너무 아팠다. 그래서 나는 자세를 고치고 싶어서 요가를 배우기로 결심했다. 매일 요가를 하니까 자세가 좋아지고 더 건강해졌다.

요가는 많이 힘든 운동이 아니어서 누구나 할 수 있다. 그리고 특별한 기구가 필요하지 않아서 집에서 해도 된다. 또 요가를 할 때 명상도 같이 하니까 정신 건강에도 좋다.

인생에서 건강은 매우 중요하다. 건강이 나빠지면 공부도 잘할 수 없고 돈도 벌 수 없을 것이다. 많은 사람들이 건강에 더 관심을 가지면 좋겠다.

1) 지수는 왜 요가를 시작했습니까?

2) 읽고 맞으면 O, 틀리면 X표를 하십시오.

① 요가는 정신 건강에 도움이 돼요. (O, X)

② 요가를 하면 자세를 고칠 수 있어요. (O, X)

③ 요가는 기구가 있으면 누구나 할 수 있어요. (O, X)

3. 건강한 생활을 위해서 어떻게 하고 있습니까? 써 봅시다.

1) 음식:

2) 운동:

3) 좋은 습관:

과제 활동

1. 친구와 이야기해 봅시다.

질문	나	친구 ( )
1) 언제 신나요?		
2) 언제 화가 나요?		
3) 언제 긴장돼요?		
4) 방학 때 뭐 할 거예요?		
5) 혼자 있을 때 뭐 해요?		
6) 수업 시간에 졸릴 때 어떻게 해요?		
7) 어렸을 때 꿈이 뭐였어요?		
8) 걱정이나 고민이 있을 때 어떻게 해결해요?		

2. 여러분은 건강한 생활을 하고 있습니까? ✓해 봅시다.

1) 일찍 자고 일찍 일어난다.	☐
2) 운동을 자주 한다.	☐
3) 매일 아침 식사를 한다.	☐
4) 식사할 때 천천히 먹는다.	☐
5) 물을 자주 마신다.	☐
6) 과일과 채소를 많이 먹는다.	☐
7) 패스트푸드를 거의 안 먹는다.	☐
8) 술을 안 마신다.	☐
9) 담배를 피우지 않는다.	☐
10) 좋은 생각을 많이 한다.	☐

- 8개 이상: 아주 건강한 생활을 하고 있네요. 칭찬해요!
- 5~7개: 건강한 생활을 하고 있네요. 하지만 조금 더 노력해 보세요.
- 3~4개: 앗! 건강에 문제가 생길 것 같아요. 생활 습관을 고쳐야 해요.
- 2개 이하: 건강에 문제가 있네요. 생활 습관을 빨리 고쳐야 해요.

4과 어휘 목록

- (관심을) 가지다
- 고민
- (자세를) 고치다
- 기구
- 기분 전환
- 긴장되다
- 답답하다
- 당근
- (여행을) 떠나다
- (수다를) 떨다
- 두통
- 드라이브
- 등산화
- 맛집
- 명상
- 모양
- 문제(문제가 생기다)
- 바람 쐬다
- 배(과일)
- 벌다
- 블루베리
- 비타민
- (스트레스가) 쌓이다
- 수다
- 스트레스
- 스트레칭
- 습관
- 신경
- (신경을) 쓰다
- 아몬드
- 양배추
- 어리다
- 외롭다
- 이상
- 이하
- 인생
- 자세
- 정신
- (밥을) 챙기다
- 패스트푸드
- (스트레스를) 풀다
- (스트레스가) 풀리다
- 피부
- 해결하다
- 해소하다
- 헬스장
- 힘

자기 평가

1. 언제 행복해요?

2. 스트레스를 받으면 어떻게 해요?

3. 주말에 친구하고 뭘 하기로 했어요?

문화 읽기

스트레스를 받았을 때 어떤 음식을 먹습니까?

한국에는 스트레스를 받았을 때 매운 음식을 먹는 사람들이 있습니다. 그런데 왜 매운 음식을 먹으면 스트레스가 풀릴까요? 매운 음식에는 캡사이신 성분이 들어 있는데 이것이 뇌를 자극하여 엔도르핀이 나오게 합니다. 엔도르핀은 행복과 기쁨을 느끼게 하는 호르몬입니다. 그래서 매운 음식을 먹고 나면 스트레스 해소에 도움이 된다고 합니다.

5과 기분과 감정

기분도 좋은데 우리 맛있는 거 먹으러 가요

학습 목표

1. 자신의 기분을 말할 수 있다.
2. 상황에 맞는 감정을 표현할 수 있다.

어휘

1. 기분 관련 어휘
2. 감정 어휘

문법과 표현

1. -는군요
2. -기 때문에
3. -처럼
4. -아/어하다

어 휘

1. 기분을 표현한 어휘입니다. 그림을 보고 이야기해 봅시다.

1) 신나다

2) 우울하다

3) 기쁘다

4) 두렵다

5) 부끄럽다

6) 짜증이 나다

기분이 어떤 것 같아요?

신난 것 같아요.

2. 감정 관련 어휘입니다. 쓰고 읽어 봅시다.

1) 남자 친구와 헤어져서 ________.

2) 아이가 거짓말해서 엄마가 ________.

3) 친구가 나에게 부탁을 했어요. 그런데 나는 도와줄 수 없어서 ________.

4) 친구가 내 부탁을 거절했어요. 그래서 조금 ________.

문법과 표현1 [동]는군요 [형]군요

A: 여자 친구랑 헤어졌어요.

B: 아, 여자 친구랑 **헤어졌군요**. 힘들겠어요.

- 유리 씨는 책을 진짜 많이 **읽는군요**.
- 동생이 정말 키가 **크군요**.
- 10월 9일이 한글날**이군요**.

[동]는구나

- **동생이 노래를 정말 잘 부르는구나.**

[형]구나

- **너 키가 정말 크구나.**

연습1 알맞은 말을 쓰고 이야기해 봅시다.

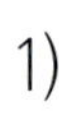

1)  전 매일 아침 커피를 마셔요. — 매일 아침 커피를 마시는군요. 

2)  제 고향은 한국보다 더 더워요. — 고향이 한국보다 더 ________________. 

3)  어제가 제 생일이었어요. — 어머, 어제가 ________________. 

4)  저는 매운 음식을 잘 먹어요. — 아, 매운 음식을 ________________. 

연습2 알맞은 말을 쓰고 이야기해 봅시다.

1) A: 저는 보통 아침 5시에 일어나요.
B: 와, 진짜 일찍 ____________________.

2) A: 우리 반 교실 사진이에요.
B: 교실이 좁은데 학생이 ____________________.

3) A: 동생이 태권도 대회에서 1등을 했어.
B: 동생이 태권도를 정말 ____________________.

4) A: 이번에 장학금을 받게 됐어요.
B: 기분이 정말 ____________________.

5) A: 유리 씨, 이 목걸이 어때요?
B: ____________________.

연습3 나음과 같이 이야기해 봅시다.

숙제가 많아요. | 내일 수업이 없어요. | 동생이랑 싸웠어.

숙제가 많아요.

숙제가 많군요.

힘들겠군요.

문법과 표현2 [동],[형]기 때문에

A: 오늘 제시카 씨가 왜 이렇게 기분이 좋아요?

B: 내일 고향에 **돌아가기 때문에** 그런 것 같아요.

- 공원 옆에 **살기 때문에** 산책하기 좋다.
- 그 사람이 인기가 많은 이유는 **친절하기 때문입니다**.
- 내일은 어머니 **생신이기 때문에** 집에 일찍 들어가야 해요.

연습1 맞게 연결하고 말해 봅시다.

1) 동생이 거짓말을 했다 •	• 가을을 좋아합니다.
2) 너무 비싸다 •	• 엄마가 화를 내셨어요.
3) 경치가 아름답다 •	• 사람들이 제주도에 많이 가요.
4) 날씨가 좋고 시원하다 •	• 사지 않기로 했어요.
5) 기숙사에서 살다 •	• 고양이를 기를 수 없어요.

동생이 거짓말을 **했기 때문에**
엄마가 화를 내셨어요.

연습2 다음과 같이 이유를 쓰고 이야기해 봅시다.

1)

이 가게는 왜 이렇게 사람이 많습니까?

☐ 음식이 싸고 맛있기 때문에 사람이 많습니다. / 싸고 맛있기 때문입니다.

☐ ____________________.

2)

동생이 왜 울고 있습니까?

☐ ____________________.

☐ ____________________.

3)

선생님께 왜 혼났습니까?

☐ ____________________.

☐ ____________________.

연습3 맞게 연결하고 이야기해 봅시다.

1) 왜 등산하러 안 갔어요? •
① 태풍이기 때문에 안 갔어요.
② 태풍 때문에 안 갔어요.

2) 왜 술을 살 수 없어요? •
① 아직 18살이기 때문이에요.
② 아직 18살 때문이에요.

3) 왜 우체국이 문을 닫았어요? •
① 오늘이 휴일이기 때문에 문을 닫았어요.
② 오늘이 휴일 때문에 문을 닫았어요.

4) 왜 앤디가 수미에게 꽃을 줬어요? •
① 오늘이 수미의 생일이기 때문이에요.
② 오늘이 수미의 생일 때문이에요.

5) 오늘 왜 길이 막혀요? •
① 교통사고이기 때문에 길이 막혀요.
② 교통사고 때문에 길이 막혀요.

6) 왜 그 노래를 좋아해요? •
① 제가 좋아하는 가수의 노래이기 때문이에요.
② 제가 좋아하는 가수의 노래 때문이에요.

듣기

1. 언제 긴장을 합니까?

☐ 시험 전　　☐ 발표하기 전　　☐ 비행기 타기 전　　☐ 기타

2. 듣고 질문에 답해 보십시오. 5-1

1) 여자의 감정으로 맞는 것을 고르십시오.

① 남자 앞에 서면 긴장이 돼요.

② 남자가 상을 받아서 부러워요.

③ 남자 옆에 있으면 부끄러워요.

④ 남자 덕분에 자신감이 생겼어요.

2) 듣고 맞으면 O, 틀리면 X표를 하십시오.

① 남자는 말하기 대회에 나가 봤어요. (O, X)

② 여자는 사람들 앞에서 발표할 때 긴장을 하지 않아요. (O, X)

말하기

5-2

타 냐: 민호 씨, 저 이번에 장학금을 받았어요!

민 호: 와, 장학금을 받았군요! 정말 축하해요. 한국어를 배운 지 얼마 안 되었는데 정말 대단하네요.

타 냐: 고마워요. 기대하지 않았는데 좋은 결과를 얻게 되어서 얼마나 기분이 좋은지 몰라요.

민 호: 타냐 씨가 공부를 꾸준히 했기 때문에 좋은 결과가 나온 거예요.

타 냐: 아니에요. 민호 씨가 옆에서 많이 도와준 덕분이에요. 기분도 좋은데 우리 맛있는 거 먹으러 가요. 제가 살게요.

민 호: 정말요? 좋아요. 참! 그런데 부모님께도 말씀드렸어요?

타 냐: 네, 아까 영상 통화로 말씀드렸는데 정말 좋아하셨어요.

1. 대답해 봅시다.

1) 타냐는 왜 기분이 좋습니까?

2) 두 사람은 무엇을 하려고 합니까?

2. 대화 내용을 바꿔서 이야기해 봅시다.

1) 장학금을 받다 공부를 꾸준히 하다 정말 좋아하시다	2) 토픽 시험에 합격하다 시험 준비를 열심히 하다 칭찬해 주시다	3) 글쓰기 대회에서 상을 타다 열심히 노력하다 깜짝 놀라시다

3. 인터뷰해 봅시다.

질문	나 (　　　)	친구 (　　　)
1) 언제 기분이 좋습니까?		
2) 기분이 좋을 때 무엇을 합니까?		
3) 기분 좋은 소식을 누구에게 제일 먼저 말하고 싶습니까?		

발음 확인

1. 했기 때문에　　[핻끼때무네]
2. 덕분이에요　　[덕뿌니에요]

문법과 표현3 [명]처럼

A: 수아 씨, 아버지가 많이 무서워요?

B: 네, 한번 화가 나면 **호랑이처럼** 무서워요.

- 이번 학기도 **지난 학기처럼** 잘할 수 있을 거예요.
- 부끄러워서 얼굴이 **사과처럼** 빨개졌어요.
- 날씨가 추워서 손이 **얼음처럼** 차가워졌어요.

연습1 다음과 같이 이야기해 봅시다.

1) 그 친구 성격
바다 / 마음이 넓다

2) 아버지의 요리 실력
요리사 / 요리를 잘하다

3) 이 호텔
우리 집 / 편안하다

4) 이 그림
사진 / 잘 그렸다

그 친구 성격이 어때요?

바다처럼 마음이 넓어요.

연습2 알맞은 말을 쓰고 이야기해 봅시다.

1) 

A: 우리 남동생 정말 잘생겼죠?

B: 네, 영화배우처럼 정말 잘생겼네요.

2) 

A: 아버지도 키가 크세요?

B: 네, ______________________ 키가 정말 크세요.

3) 

A: 히엔 씨가 노래를 정말 잘 부르는군요.

B: 네, ______________________________.

4) 

A: 줄리아 씨는 옷을 정말 잘 입는 것 같아요.

B: 맞아요. ______________________________.

연습3 다음과 같이 말해 봅시다.

저는 민호 씨처럼 한국말을 잘했으면 좋겠어요.

저는 타냐 씨처럼 춤을 잘 췄으면 좋겠어요.

한국말을 잘하다	성격이 좋다	친구가 많다
예쁘다	춤을 잘 추다	?

문법과 표현 4 [형]아/어하다

A: 은정 씨에게 선물 줬어요?

B: 네, 은정 씨가 선물을 받고 **기뻐했어요**.

- 친구가 많이 **아파해서** 같이 병원에 다녀왔어요.
- 할머니께서 어렸을 때부터 저를 많이 **예뻐하셨어요**.
- 다니엘이 네 소식을 **궁금해해서** 전화번호를 가르쳐 줬어.

연습1 다음과 같이 쓰고 말해 봅시다.

1) 

저는 사진 찍는 것이 즐거워요.

수잔 씨도 사진 찍는 것을 즐거워해요.

2) 

저는 눈싸움이 재미있어요.

동생도 눈싸움을 ________.

3) 

저는 할머니를 보고 반가웠어요.

할머니께서도 저를 보고 ________.

4) 

저는 이 영화를 보고 슬펐어요.

남자 친구도 이 영화를 보고 ________.

연습2 **맞게 연결하고 말해 봅시다.**

내가 친구를 도와줘서
친구가 고마워했어요.

듣고 말하기

1. 언제 화가 납니까?

2. 듣고 질문에 답해 보십시오. 5-3

1) 남자는 여자 친구에게 어떤 잘못을 했습니까?

2) 듣고 맞으면 O, 틀리면 X표를 하십시오.

① 남자는 여자 친구와 헤어졌어요. (O, X)

② 남자는 여자 친구가 전화를 안 받아서 섭섭해해요. (O, X)

③ 남자의 여자 친구는 메시지에 답장을 하지 않아요. (O, X)

3. 친구와 이야기해 봅시다.

1) 언제 부모님께 섭섭했어요?

2) 친구와 왜 싸웠어요?

3) 학교 다닐 때 왜 선생님께 혼났어요?

4) 친구가 화가 났을 때 어떻게 하면 화가 풀려요?

언제 부모님께
섭섭했어요?

부모님께서 내 생일을
잊어버려서 섭섭했어요.

읽고 쓰기

1. 첫사랑이 있습니까?

2. 읽고 질문에 답해 보십시오.

<민호의 일기>

얼마 전 버스 안에서 첫사랑 수지를 다시 만났다. 고등학교 때 같은 반 친구였는데 그 친구가 갑자기 유학을 가게 되어서 고백도 하지 못하고 헤어졌다. 수지는 여전히 고등학생 때처럼 잘 웃고 예쁜 모습이었다. 나는 너무 반가운 마음에 버스 안에서 크게 수지의 이름을 불렀다. 수지는 처음에는 나를 기억하지 못하는 것 같았다. 너무 부끄러워서 얼굴이 빨개졌다. 그때 수지가 내 이름을 부르면서 인사해 주었다. 우리는 그냥 헤어지기 아쉬워서 버스에서 함께 내렸다. 근처 커피숍에서 1시간 정도 이야기를 했는데 그 친구가 나에게 "나 사실은 고등학교 때 너 좋아했어. 그런데 유학을 가야 했기 때문에 고백할 수 없었어."라고 말해서 깜짝 놀랐다. 나는 속으로 기뻤지만, 너무 기뻐하는 모습을 보이지 않으려고 노력했다. 우리는 다음에 다시 만나기로 약속하고 헤어졌다. 다음에 만나면 "나도 사실은 너 좋아했어."라고 내 마음을 고백하려고 한다.

1) 민호는 첫사랑을 어디에서 다시 만났습니까?

2) 읽고 맞는 것을 고르십시오.

① 민호는 수지를 기억하지 못했다.
② 민호는 첫사랑에게 마음을 고백했다.
③ 수지는 민호를 보고 얼굴이 빨개졌다.
④ 수지는 고등학교 때 갑자기 유학을 갔다.

3. 친구와 이야기한 후 써 봅시다.

첫사랑 | 짝사랑

1) 그 사람을 어디에서 만났어요?

2) 그 사람의 어떤 점이 좋았어요?

3) 그 사람에게 고백을 했어요?

4) 그 사람을 다시 만나면 어떤 말을 하고 싶어요?

과제 활동

1. 오늘 나의 기분을 체크하고 친구와 이야기해 봅시다.

□ 설레다	□ 지루하다	□ 부럽다	□ 귀찮다

□ 신나다	□ 우울하다	□ 불안하다	□ 외롭다

□ 행복하다	□ 답답하다	□ 떨리다	□ 짜증이 나다

□ 기쁘다	□ 부끄럽다	□ 즐겁다	□ 화가 나다

오늘 기분이 어때요?

내일 여행을 가기로 해서 설레요.

2. 노래를 부르면서 따라해 봅시다.

나처럼 해 봐라

나처럼 해 봐라 요렇게 -

나처럼 해 봐라 요렇게 -

나처럼 해 봐라 요렇게 -

아이 참 재미있다

5과 어휘 목록

- 감정
- 거절하다
- 거짓말하다
- 결과
- 고백하다
- 고추장
- 곤란하다
- 궁금하다
- 기대하다
- 기르다
- 기쁘다
- 깜짝
- 꾸준히
- 놀라다
- 대단하다
- 도전하다
- 두렵다
- (1)등
- 떨리다
- 밟다
- 부끄럽다
- 부럽다
- 불안하다
- 사과하다
- 사실
- 상 (받다)
- 설레다
- 섭섭하다
- 속
- 실력
- 어떡하다
- 어머
- (결과를) 얻다
- 얼음
- 여전히
- 외롭다
- 우울하다
- 이유
- 자꾸
- 자신감
- 잘생기다
- (약속을) 잡다
- 진심
- 짜증이 나다
- 짝사랑
- 차갑다
- 참가하다
- 첫사랑
- (상을) 타다
- 태풍
- 편안하다
- 한글날
- 호랑이
- 혼나다
- 화를 내다

자기 평가

1. 언제 기분이 좋아요?

2. 언제 화가 나요?

3. 10년 후에 누구처럼 되고 싶어요?

문화 읽기

호랑이처럼 무서운 선생님?

한국 사람이 생각하는 가장 무서운 동물은 호랑이입니다. 그래서 무서운 사람을 호랑이에 비유해서 '호랑이처럼 무섭다'고 표현합니다. 이와 같이 사람의 성격을 동물에 비유해서 표현하곤 합니다. 예를 들면 '토끼처럼 빠르다', '강아지처럼 귀엽다', '곰처럼 미련하다', '소처럼 일한다' 와 같은 표현이 있습니다.

6과 음식

그 식당은 음식이 맛있고 양이 많기로 유명해요

학습 목표

1. 좋아하는 음식을 말할 수 있다.
2. 음식 만드는 방법을 설명할 수 있다.

어휘

1. 맛 어휘
2. 요리 방법 어휘

문법과 표현

1. -밖에
2. -기로 유명하다
3. -다가
4. -(으)로[3]

어 휘

1. 맛 관련 어휘입니다. 읽어 봅시다.

- 고추가 매워요
- 사탕이 달아요.
- 소금이 짜요.
- 약이 써요.
- 레몬이 셔요.
- 음식이 싱거워요.

2. 자주 가는 식당이 있습니까? 이야기해 봅시다.

1) 양이 많다 2) 분위기가 좋다 3) 서비스가 좋다 4) 재료가 신선하다

그 식당은 어때요?

음식이 맛있고 양도 많아요.

3. 요리 방법 어휘입니다. 이야기해 봅시다.

요리 방법

볶다

굽다

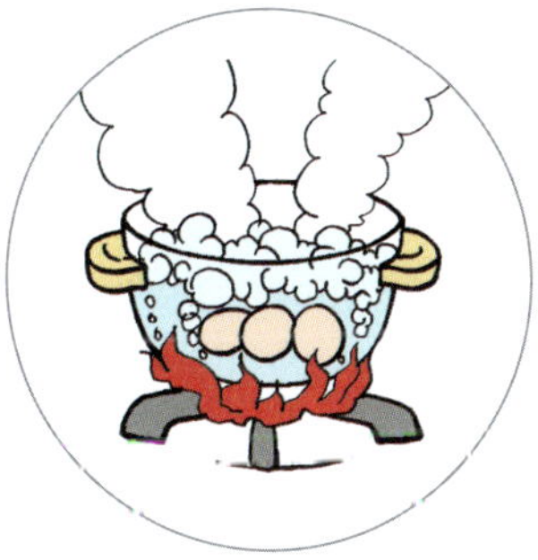

삶다

찌다

튀기다

끓이다

뭘 삶고 있어요?

달걀을 삶고 있어요.

문법과 표현1 [명]밖에

A: 한국 음식 많이 먹어 봤어요?

B: 아니요, 아직 **삼계탕밖에** 못 먹어 봤어요.

- 나는 한국어 문법을 **조금밖에** 몰라요.
- 손님, 죄송하지만 지금은 방이 **하나밖에** 없습니다.
- 시간이 없어서 운동을 일주일에 **두 번밖에** 못 해요.
- 저는 아침에 **사과밖에** 안 먹었어요.

연습1 **다음과 같이 이야기해 봅시다.**

A: 요리 잘해요?

B: 아니요, **라면밖에** 못 끓여요.

1) 요리 잘해요?

2) 일요일 1시 표가 있어요?

3) 어제 술 많이 마셨어요?

4) 그 사람 잘 알아요?

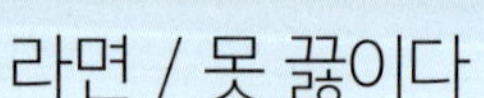

라면 / 못 끓이다

2시 표 / 없다

맥주 한 잔 / 안 마시다

이름 / 모르다

연습2 다음과 같이 이야기해 봅시다.

A: 옷 많이 샀어요?

B: 아니요, 한 벌밖에 안 샀어요.

A: 왜 한 벌밖에 안 샀어요?

B: 돈이 좀 부족해서요.

1) 옷 많이 샀다 – 한 벌– 돈이 좀 부족하다

2) 어제 잠을 잘 잤다 – 4시간 –일이 많다

3) 숙제 다 했다 – 읽기 숙제 – 머리가 아프다

4) 아침에 밥을 먹었다 – 우유 – 시간이 없다

5) 교실에 학생이 많이 있다 – 두 명 – 모두 사무실에 가다

연습3 다음과 같이 이야기해 봅시다.

쉬는 시간이 얼마나 남았어요?

1분밖에 안 남았어요.

1) 쉬는 시간이 얼마나 남았어요?

2) 무슨 악기 연주할 줄 알아요?

3) 한국에서 어디에 가 봤어요?

4) 하루에 커피 몇 잔 마셔요?

문법과 표현2 [동],[형]기로 유명하다

A: 제주도에 가서 뭘 먹는 게 좋을까요?

B: 제주도는 흑돼지 삼겹살이 **맛있기로 유명해요**. 꼭 먹어 보세요.

- 우리 학교는 한국어를 잘 **가르치기로 유명해요**.
- 한국의 지하철은 **깨끗하기로 유명합니다**.
- 그 직원은 우리 회사에서 **친절하기로 유명해요**.

[명](으)로 유명하다

- 수원은 갈비로 유명한 곳이에요.
- 동대문 시장은 새벽 시장으로 유명해요.

연습1 알맞은 말을 쓰고 말해 봅시다.

1) 

이 식당은 떡볶이가 맵기로 유명해요.

2) 

이 가수는 춤을 잘 ______________________.

3) 

한국은 인터넷 속도가 ______________________.

4) 

전주는 ______________________.

연습2 다음과 같이 쓰고 이야기해 봅시다.

A: 이 사람이 그렇게 축구를 잘해요?

B: 네, 우리 학교에서 축구를 잘하기로 유명해요.

1) A: 설악산은 무엇으로 유명해요?

B: 단풍이 ______________________.

2) 

A: 아웅 씨가 정말 노래를 잘 부르네요.

B: 그렇죠? 아웅 씨는 ______________________.

3) 

A: 저 선배는 성격이 어때?

B: 우리 동아리에서 성격이 ______________________.

4) 

A: 제 고향은 인삼 축제로 유명해요. 민수 씨 고향은 뭐가 유명해요?

B: 제 고향은 ______________________.

5) ?

A: 00 씨의 나라는 무엇으로 유명해요?

B: ______________________.

연습3 친구와 이야기해 봅시다.

동해는 뭐가 유명해요?

동해는 바닷물이 맑기로 유명해요.
동해는 아름다운 바다로 유명해요.

듣기

1. 여름에 무슨 음식을 먹고 싶습니까?

삼계탕 물냉면 된장찌개 생선구이 순두부찌개

2. 듣고 질문에 답해 보십시오. 6-1

1) 여자는 무슨 음식을 소개하고 있습니까?

2) 듣고 맞으면 O, 틀리면 X표를 하십시오.

① 삼계탕에 인삼이 들어가요. (O, X)

② 삼계탕은 만들기가 어렵지 않아요. (O, X)

③ 삼계탕은 닭고기를 쪄서 먹는 요리예요. (O, X)

말하기

6-2

소피아: 이번 동아리 모임은 학교 앞 '최고 식당'에서 하려고 하는데 어때요?

리우청: 좋아요. 그 식당은 음식이 맛있고 양이 많기로 유명해요.

소피아: 그래요? 몰랐어요. 리우청 씨는 '최고 식당'에 많이 가 봤어요?

리우청: 아니요. 두 번밖에 안 가 봤는데 재료가 신선하고 반찬도 맛있어서 저는 좋았어요.

소피아: 그렇군요. 어떤 음식이 제일 맛있는데요?

리우청: 불고기가 조금 달지만 맵지 않고 정말 맛있어요. 생선구이도 괜찮아요.

소피아: 동아리 친구들이 좋아할 것 같네요. 거기로 예약할게요.

1. 대답해 봅시다.

1) 최고 식당은 무엇으로 유명합니까?

2) 리우청은 소피아에게 어떤 음식을 추천했습니까?

2. 대화 내용을 바꿔서 이야기해 봅시다.

1) 불고기	2) 물냉면	3) 순두부찌개
양이 많다	서비스가 좋다	음식값이 싸다
조금 달지만 맵지 않다	좀 시지만 시원하다	조금 맵지만 짜지 않다
생선구이도 괜찮다	비빔냉면도 맛있다	된장찌개도 좋다

3. 친구와 이야기해 봅시다.

□ 맛　□ 양　□ 가격　□ 서비스　□ 분위기　□ ?

식당을 선택할 때 중요하게 생각하는 게 뭐예요?

저는 음식의 양이 중요해요. 음식이 맛있는데 양이 적으면 실망할 것 같아요.

발음 확인

1. 많기로　[만키로]
2. 그렇군요　[그러쿤요]
3. 맵지 않고　[맵찌안코]
4. 괜찮아요　[괜차나요]

문법과 표현3 [동]다가

A: 미역국을 어떻게 끓여요?

B: 미역을 **볶다가** 물을 넣고 끓이세요.

- 수원에서 **살다가** 멀어서 학교 근처로 이사했어요.
- 저는 **공부하다가** 졸리면 스트레칭을 해요.
- 거기에서 쭉 **걸어오다가** 사거리에서 우회전하면 은행이 보여요.

연습1 알맞은 말을 쓰고 읽어 봅시다.

1) 라면을 끓이다가 파를 넣으세요.

2) ______________________ 잤어요.

3) ______________________ 전화를 받았어요.

4) ______________________ 친구를 만났어요.

연습2 **다음과 같이 이야기해 봅시다.**

A: 조던 씨, 무슨 일 있어요?

B: 친구와 이야기하다가 싸웠어요.

1) 조던 씨, 무슨 일 있어요? – 친구와 이야기하다 / 싸우다
2) 파울라 씨는 외출했어요? – 조금 전까지 일하다 / 잠깐 나가다
3) 저스틴은 지금 어디 갔어요? – 수업을 듣다 / 화장실에 가다
4) 손가락을 왜 다쳤어요? – 오이를 썰다 / 다치다

연습3 **다음과 같이 이야기해 봅시다.**

A: 그 드라마 다 봤어요?

B: 아니요, 보다가 재미없어서 안 봤어요.

	이유	행동
1) 그 드라마 다 봤어요?	재미없다	안 보다
2) 어제 공부 많이 했어요?	피곤하다	자다
3) 여기까지 걸어왔어요?	다리가 아프다	버스를 타고 오다
4) 주말에 등산 잘 했어요?	비가 오다	중간에 내려오다
5) 요즘도 아르바이트를 해요?	힘들다	그만두다

문법과 표현4 [명](으)로[3]

A: 두부는 **무엇으로** 만들어요?

B: **콩으로** 만들어요.

- 남은 **재료로** 비빔밥을 만들어 먹었어요.
- 이 의자는 **플라스틱으로** 만들어서 가벼워요.

연습1 **다음과 같이 말해 봅시다.**

우유로 치즈를 만들어요.

연습2 알맞은 말을 쓰고 이야기해 봅시다.

1) 

A: 가방이 더러워서 좀 닦으려고 해요.

B: 그 가방은 가죽으로 만들어서 물이 묻으면 안 돼요.

2) 

A: 무슨 꽃으로 꽃다발을 만들어 드릴까요?

B: ______________________ 만들어 주세요.

3) 

A: 식탁이 무거워요?

B: 네, ______________ 만들어서 무거워요.

4) 

A: 이 죽 맛있네요. 어떻게 만들어요?

B: ________________________________.

연습3 다음과 같이 이야기해 봅시다.

쌀로 무엇을 만들 수 있어요?

쌀로 과자를 만들 수 있어요.

쌀 | 나무 | 우유 | 밀가루 | ?

듣고 말하기

1. 무엇으로 만든 음식을 좋아합니까?

2. 듣고 질문에 답해 보십시오. 6-3

1) 김치볶음밥을 어떻게 만듭니까? 순서대로 번호를 쓰십시오.

( ) ( ) ( ) ( )

2) 듣고 맞는 것을 고르십시오.

① 남자는 김치로 만든 음식을 좋아해요.
② 남자는 김치볶음밥을 만들 줄 알아요.
③ 여자는 부드러운 계란찜을 만들었어요.
④ 여자는 남자가 만든 김치찌개를 먹었어요.

3. 다음과 같이 말해 봅시다.

김밥

계란찜

닭갈비

감자튀김

?

어떤 요리를 할 줄 알아요?

김밥을 만들 줄 알아요. 김에 밥과 여러 가지 재료를 넣고 싸서 만들어요.

읽고 쓰기

1. 어떤 한국 음식을 먹어 봤습니까?

2. 유토의 이야기입니다. 읽고 질문에 대답해 보십시오.

내가 가장 좋아하는 한국 음식은 삼겹살이에요. 한국 드라마에도 자주 나와서 한국에 오기 전부터 정말 먹고 싶었어요.

한국에 와서 친구들하고 같이 삼겹살을 먹으러 식당에 갔어요. 그 식당은 삼겹살이 맛있기로 유명한 식당이라서 사람이 정말 많았어요. 고기가 요리되어서 나오지 않고 내가 직접 구워서 먹는 게 재미있었어요. 상추나 깻잎에 고기를 싸서 먹으니까 더 맛있었어요. 쌈장도 입맛에 맞았어요. 그리고 고기를 먹다가 채소가 부족하면 무료로 더 받을 수 있었어요. 우리나라에서는 반찬을 먹고 싶으면 돈을 내야 하는데 한국에서는 무료로 반찬을 먹을 수 있어서 좋았어요. 고기를 먹은 후에 김을 넣고 남은 삼겹살로 볶음밥을 해서 먹었어요. 한국에서는 고기를 먹은 후에 밥을 볶아서 먹는 것을 알게 되었어요. 그리고 냉면도 시켜서 먹었어요. 배가 불렀지만 맛있어서 다 먹었어요.

아직 먹고 싶은 한국 음식들이 많아요. 다음에는 친구들과 닭갈비를 먹으러 가기로 했어요. 정말 기대가 돼요.

1) 유토가 한국 식당에서 먹은 것이 아닌 것을 고르십시오.

① ② ③ ④

2) 읽고 맞으면 O, 틀리면 X표를 하십시오.

① 유토는 쌈장을 별로 좋아하지 않아요. (O, X)

② 유토의 나라에서는 반찬을 무료로 먹을 수 있어요. (O, X)

③ 유토는 한국 음식 중에서 삼겹살을 제일 좋아해요. (O, X)

3. 먹어 본 한국 음식 중에서 기억에 남는 음식은 무엇입니까? 써 봅시다.

어디에서 무엇을 먹었어요?

언제 누구와 먹었어요?

그 음식은 무엇으로 만들었어요?

음식 맛이 어땠어요?

과제 활동

1. 친구와 인터뷰해 봅시다.

A: ____________ 씨는 어디에서 왔어요?

B: 베트남에서 왔어요.

A: ____________ 씨는 어떤 음식을 좋아해요?

B: 쌀국수를 좋아해요.

A: 쌀국수는 무엇으로 만들어요?

B: 쌀하고 고기로 만들어요.

A: 쌀국수는 어떻게 만들어요?

B: 끓여서 만들어요.

이름 / 질문	나	친구1 (　　)	친구2 (　　)
1) 나라 이름			
2) 음식 이름			
3) 무엇으로 만듭니까?			
4) 무엇으로 먹습니까?			

2. 다음 노래를 배워 봅시다.

그대로 멈춰라

즐겁게 춤을 (   ) 그대로 멈춰라.

즐겁게 춤을 (   ) 그대로 멈춰라.

눈도 감지 말고 웃지도 말고

울지도 말고 움직이지 마.

즐겁게 춤을 (   ) 그대로 멈춰라.

즐겁게 춤을 (   ) 그대로 멈춰라.

6과 어휘 목록

- 가죽
- 간단하다
- 간장
- 건강식
- 계란찜
- 고추
- 기대되다
- 깻잎
- 꽃다발
- 달걀
- 닭고기
- 된장찌개
- 두부
- 레몬
- 맥주
- 모시다
- 문법
- (물이) 묻다
- 밀가루
- 바닷물
- (한) 벌
- 벽돌
- 볶다
- 볶음밥
- 부드럽다
- 삶다
- 상추
- 새벽
- 생선구이
- 서비스
- 섞다
- 속도
- 손가락
- 순두부찌개
- 시다
- 식탁
- 실망하다
- 싱겁다
- (김밥을) 싸다
- 쌀
- 쌀국수
- 쌈장
- 썰다
- (약이) 쓰다
- 양이 많다
- 양파
- 외출하다
- 요리되다
- 입맛에 맞다
- 전문가
- 죽
- 중간
- 짜다
- 찌다
- 콩
- 튀기다
- 파
- 프라이팬
- 플라스틱
- 행동
- 흑돼지

자기 평가

1. 오늘 저녁에 어떤 음식을 먹고 싶어요?

2. 밀가루로 무엇을 만들 수 있어요?

3. 학교에 오다가 누구를 만났어요?

문화 읽기

김치의 종류

김치의 종류는 다양합니다. 재료에 따라서 배추김치, 파김치, 물김치, 총각김치, 오이김치, 백김치, 깍두기, 갓김치 등이 있습니다. 여러분은 어떤 김치를 먹어 봤습니까? 또 어떤 김치를 먹어 보고 싶습니까?

7과 미래와 꿈

대학교를 졸업하자마자 유학을 떠날 거예요

학습 목표

1. 꿈에 대해 묻고 답할 수 있다.
2. 미래 계획을 말할 수 있다.

어휘

1. 직업 어휘[2]
2. 꿈 관련 어휘

문법과 표현

1. -(으)니까[2]
2. -자마자
3. -을/를 통해(서)
4. -(으)ㄹ지도 모르다

어휘

1. 직업 어휘입니다. 이야기해 봅시다.

직업

저는 프로그래머가 되고 싶어요.

저는 교사가 되고 싶어요.

2. 꿈 관련 어휘입니다. 읽어 봅시다.

꿈을 꾸다

관광 안내원이 되고 싶어요.

경험을 쌓다

여행을 많이 다녔어요.

실력을 키우다

대학교에서 일본어와 영어를 전공했어요.

꿈을 이루다

드디어 관광 안내원이 되었어요.

문법과 표현1 [동](으)니까²

A: 지난번 디자이너 체험 어땠어요?

B: 옷을 직접 **만들어 보니까** 너무 재미있었어요.

- 집에 **돌아가니까** 아무도 없었어요.
- 김치를 **먹어 보니까** 맵지 않고 맛있었어요.

연습1 맞게 연결하고 말해 봅시다.

1)	학과 소개를 듣다	세일을 하고 있었다
2)	냉장고를 열다	한국어학과에 관심이 생겼다
3)	텔레비전을 켜다	음식이 많이 있었다
4)	백화점에 가다	좋아하는 배우가 나왔다
5)	제주도에 도착하다	관광객이 많았다

학과 소개를 **들으니까** 한국어학과에 관심이 생겼어요.

연습2 다음과 같이 이야기해 봅시다.

	한 일	알게 된 일
1)	어제 산 옷을 입어 보다	좀 작다
2)	처음 돈을 벌어 보다	너무 힘들다
3)	그 자동차를 타 보다	아주 편안하다
4)	유명한 식당의 음식을 먹어 보다	생각보다 맛이 없다

어제 산 옷을
입어 보니까 어땠어요?

입어 보니까 좀 작았어요.

연습3 다음과 같이 쓰고 말해 봅시다.

한국에 온 후에 알게 된 것

- 한국에 오니까 커피숍이 정말 많았어요.
- 한국에서 살아 보니까 ______________________________.
- 한국 음식을 ______________________________.
- 한국어를 ______________________________.
- ______________________________.

문법과 표현2 [동]자마자

A: 대학교를 졸업하면 뭐 할 거예요?

B: 저는 대학교를 **졸업하자마자** 대학원에 진학하려고 해요.

- 선생님을 **보자마자** 인사했어요.
- 엄마 목소리를 **듣자마자** 눈물이 났어요.

연습1 알맞은 말을 쓰고 읽어 봅시다.

1) 

소방관이 도착하자마자 불을 껐어요.

2) 

너무 피곤해서 침대에 ______________ 잤어요.

3) 

아침에 ______________ 시계를 봤어요.

4) 

밥을 ______________ 양치질을 했어요.

연습2 맞게 연결하고 말해 봅시다.

1) 비가 내리다 • —— • 번개가 치네요.

2) 주문을 하다 • • 겨울 코트를 입었어요.

3) 날씨가 추워지다 • • 누우면 안 돼요.

4) 밥을 먹다 • • 햄버거가 나왔어요.

비가 내리자마자
번개가 치네요.

연습3 알맞은 말을 쓰고 이야기해 봅시다.

1) A: 왜 울고 있어요? 무슨 일 있어요?

B: 핸드폰을 사자마자 잃어버려서요.

2) A: 고향에 도착하면 바로 연락 주세요.

B: 네, 고향에 ______________ 전화할게요.

3) A: 수미 씨, 방학하면 뭐 할 거예요?

B: 저는 ______________ 제주도에 여행을 갈 거예요.

4) A: 지각할 것 같아요.

B: 뛰어가면 늦지 않을 거예요. 버스에서 ______________ 뛰어갑시다.

5) A: 어제 집에 가서 뭐 했어요?

B: 땀이 많이 나서 집에 ______________ 샤워했어요.

연습4 이야기해 봅시다.

1)
오늘 아침에 일어나자마자 뭐 했어요?
2)
방학하면 바로 뭐 할 거예요?
3)
고향에 가면 제일 먼저 뭘 하고 싶어요?
4)
보통 기숙사에 가자마자 뭐 해요?
5)
부모님을 만나면 제일 먼저 뭐 하고 싶어요?
6)
보통 저녁 식사를 끝내자마자 뭐 해요?

듣기

1. 대학교에서 무엇을 전공하고 싶습니까?

□ 건축학 □ 스포츠학 □ 자동차학 □ ________

2. 듣고 질문에 답해 보십시오. 7-1

1) 남자의 꿈은 무엇입니까?

2) 듣고 맞으면 O, 틀리면 X표를 하십시오.

① 여자는 한국어 실력도 좋고 친절해요. (O, X)

② 남자는 한국어 학과에 진학하려고 해요. (O, X)

③ 여자는 남자의 말을 듣고 자신감이 생겼어요. (O, X)

말하기

7-2

수 아: 유토 씨, 어학원을 수료하고 나서 뭐 할 거예요?

유 토: 저는 어학원을 수료하고 나서 대학교에 진학할 거예요.

수 아: 그래요? 전공은 선택했어요?

유 토: 네, 대학교에서 관광학을 공부하려고 해요.

수 아: 그렇군요. 그럼 꿈이 **관광 안내원**이 되는 거예요?

유 토: 맞아요. 어렸을 때부터 **관광 안내원**이 되고 싶었어요. 알아보니까 취직도 잘 되는 것 같아요. 수아 씨는 꿈이 뭐예요?

수 아: 저는 통역사가 되는 게 꿈이에요. 그래서 이번 학기가 끝나자마자 호주로 유학을 떠날 거예요.

유 토: 호주요? 그럼 호주에서 온 제 친구를 소개해 줄게요.

1. 대답해 봅시다.

1) 유토는 왜 관광학과를 선택했습니까?

2) 수아는 언제 호주로 유학을 가려고 합니까?

2. 대화 내용을 바꿔서 이야기해 봅시다.

1) 관광 안내원 진학하다 관광학을 공부하다 이번 학기가 끝나다	2) 한국어 교사 입학하다 한국어를 전공하다 대학교를 졸업하다	3) 디자이너 들어가다 시각 디자인을 배우다 공부를 마치다

3. 친구와 같이 이야기해 봅시다.

질문	나	친구 (　　　)
1) 꿈이 뭐예요?		
2) 언제부터 그 꿈을 꾸었어요?		
3) 그 꿈을 이루려고 뭘 하고 있어요?		
4) 어학원을 수료하자마자 뭐 할 거예요?		

발음 확인

1. 진학할 거예요　　[지나칼꺼예요]
2. 선택했어요　　[선태캐써요]
3. 끝나자마자　　[끈나자마자]

문법과 표현3 [명]을/를 통해(서)

A: 이번 입학 설명회 어땠어요?

B: 이번 **입학 설명회를 통해서** 건축학과에 관심이 생겼어요.

- **창문을 통해서** 햇빛이 들어와요.
- **뉴스를 통해서** 고향의 소식을 들었어요.
- 그 가수는 자신의 SNS를 **통해서** 새로운 노래를 소개했어요.

연습1 맞게 연결하고 말해 봅시다.

1)	직업 체험	•	• 건강을 지킬 수 있어요.
2)	부동산	•	• 제 꿈을 찾게 되었어요.
3)	독서	•	• 집을 찾는 게 좋아요.
4)	홈페이지	•	• 새로운 단어를 배울 수 있어요.
5)	규칙적인 운동	•	• 신청하시기 바랍니다.

직업 체험을 통해서 제 꿈을 찾게 되었어요.

연습2 알맞은 말을 쓰고 이야기해 봅시다.

1) A: 이 책을 읽고 느낀 점은 무엇입니까?

B: 이 책을 통해서 가족의 소중함을 느꼈습니다.

2) A: 여행을 하면 뭐가 좋아요?

B: ________________ 다양한 문화를 배울 수 있어서 좋은 것 같아요.

3) A: 이번에 다녀온 봉사 활동 어땠어요?

B: 아주 좋았어요. 이번 ________________ 많은 것을 느꼈어요.

4) A: 다연 씨, 유학 생활은 어때요?

B: ________________ 다양한 나라의 친구들을 사귀게 돼서 좋아요.

연습3 다음과 같이 말해 봅시다.

친구를 통해 제임스 씨의 소식을 들었어요.

친구를 통해 글로벌대학교를 알게 되었어요.

친구	휴대전화	아르바이트	한국 드라마

문법과 표현4 [동],[형](으)ㄹ지도 모르다

A: 아웅 씨는 졸업하면 고향으로 돌아갈 거예요?

B: 글쎄요. 한국 회사에 **취직할지도 몰라요**.

- 6시가 넘어서 선생님이 안 **계실지도 몰라요.**
- 이 옷은 동생에게 **작을지도 몰라요.**
- 추석이라서 기차표가 다 **팔렸을지도 몰라요.**
- 전화를 안 받는 걸 보니까 **회의 중일지도 몰라요.**

연습1 **다음과 같이 이야기해 봅시다.**

A: 눈이 많이 내리네요.

B: 그럼 길이 **막힐지도 몰라요**.

1) 눈이 많이 내리네요.
2) 고추장을 많이 넣었어요.
3) 숙제를 안 했어요.
4) 졸면서 운전하고 있어요.

연습2 다음과 같이 말해 봅시다.

남자/여자 친구와 연락이 안돼서 화내는 친구에게

- 자고 있다 / 이따가 전화해 보다
- 수업 중이다 / 나중에 다시 걸어 보다

해외여행을 가는 친구에게

- 갑자기 아프다 / 약을 꼭 챙기다
- ___________ / 따뜻한 옷을 준비하다

자고 있을지도 모르니까 이따가 전화해 보세요.

연습3 알맞은 말을 쓰고 이야기해 봅시다.

1) A: 이 모자가 미나 씨에게 잘 맞을까요?

   B: 글쎄요. 미나 씨 머리가 작아서 좀 클지도 몰라요.

2) A: 이 음식 냉장고에 안 넣어도 괜찮겠죠?

   B: 이렇게 더운 날씨에 냉장고에 넣지 않으면 음식이 _______________.

3) A: 동생이 한국에 도착했을까?

   B: 전화해 봐. 지금쯤이면 공항에 _______________.

4) A: 어머니께 선물하려고 하는데 이 빨간 구두 어때?

   B: 어머니께서 빨간색을 안 _______________ 좋아하는 색깔을 여쭤보고 사는 게 좋겠어.

듣고 말하기

1. 어느 나라에서 살아 보고 싶어요?

2. 듣고 질문에 답해 보십시오. 7-3

1) 여자는 언제 결혼을 합니까?

2) 듣고 맞으면 O, 틀리면 X표를 하십시오.

① 두 사람은 4년 전에 만났어요. (O, X)

② 남자는 결혼을 늦게 하고 싶어 해요. (O, X)

③ 여자는 한국 친구한테서 남자 친구를 소개 받았어요. (O, X)

3) 여자의 생각으로 맞는 것을 고르십시오.

① 결혼을 할 필요가 없다.

② 결혼을 늦게 하는 게 좋다.

③ 결혼을 일찍 하지 않아도 된다.

④ 결혼을 할 때는 부모님의 의견이 중요하다.

3. 인터뷰해 봅시다.

질문	나	친구1 (　　　)	친구2 (　　　)
1) 결혼을 하고 싶어요?			
2) 결혼을 몇 살에 하고 싶어요?			
3) 결혼하면 어느 나라에서 살고 싶어요?			
4) 부모님은 언제 결혼하기를 원해요?			
5) 아이를 몇 명 낳고 싶어요?			

읽고 쓰기

1. 20년 후에 뭘 하고 있을 것 같아요?

2. 읽고 질문에 대답해 보십시오.

<스미스의 꿈>

사람은 누구나 꿈을 가지고 있다. 내 꿈은 성공한 사업가가 되는 것이다. 그래서 나는 한국에서 경영학을 전공하려고 한국어를 배우고 있다. 나는 경영학을 공부하는 동안 여러 필요한 자격증도 딸 것이다. 그리고 대학을 졸업하자마자 큰 회사에서 일하면서 경험을 쌓을 것이다. 20년 뒤에는 나의 회사를 경영하면서 어려운 사람들도 도와주고 싶다. 그 과정에서 힘든 일이 생길지도 모른다. 하지만 나는 꿈을 이룰 때까지 노력할 것이다.

<첸첸의 꿈>

나는 한국에 온 지 1년쯤 되었고 현재 한국어교육원에 다니고 있다. 나는 과거에 하고 싶은 것도 없고 특별한 꿈도 없었다. 그런데 중국에 있을 때 주위에서 한국 유학을 많이 권했다. 그래서 선생님께서 소개해 주신 유학원을 통해 한국에 오게 되었다. 아무 생각 없이 한국에 왔는데 한국에 살면서 나에게도 꿈이 생겼다. 그 꿈은 바로 한식 요리사가 되는 것이다. 한국어 공부가 끝나자마자 요리 학원에 다니면서 한식 자격증을 따기로 했다.

1) <스미스의 꿈>을 읽고 맞지 않는 것을 고르십시오.

① 스미스는 경영학을 전공하려고 해요.
② 스미스는 여러 자격증을 따고 싶어 해요.
③ 스미스는 일하면서 봉사 활동을 하고 있어요.
④ 스미스는 나중에 자신의 회사를 만들 거예요.

2) <첸첸의 꿈>을 읽고 맞으면 O, 틀리면 X를 하십시오.

① 첸첸의 직업은 한식 요리사예요. (O, X)

② 첸첸은 일 년 전에 한국에 왔어요. (O, X)

③ 첸첸은 중국에서 요리 학원에 다녔어요. (O, X)

3. **여러분의 꿈은 무엇입니까? 꿈을 이루려고 무엇을 합니까? 써 봅시다.**

꿈이 무엇입니까?

왜 그 꿈을 갖게 되었습니까?

그 꿈을 이루려고 어떤 노력을 하고 있습니까?

과제 활동

1. '-자마자'를 사용해서 문장을 만들고 말 잇기 게임을 해 봅시다.

비행기를 타자마자 신문을 읽었어요. →

신문을 다 읽자마자 음료수를 마셨어요. →

음료수를 다 마시자마자 영화를 봤어요. →

2. 인생의 계획을 써 보고 말해 봅시다.

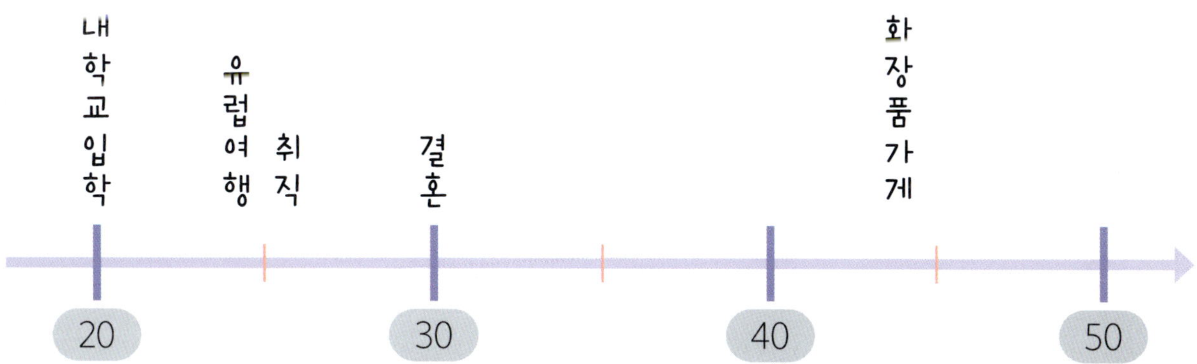

저는 대학교를 졸업하자마자 유럽 여행을 할 거예요. 그리고 고향에 돌아가서 화장품 회사에 취직하고 싶어요. 결혼은 30살쯤에 하고 아이는 2명 낳고 싶어요. 그리고 45살이 되기 전에 화장품 가게를 열고 싶어요.

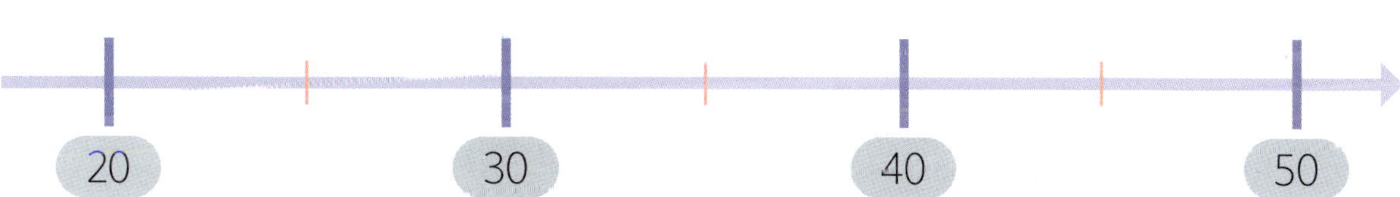

7과 어휘 목록

- 간호사
- 건축학과
- 결정하다
- 경영하다
- 과거
- 과정
- 관광학
- 교사
- 권하다
- 규칙적
- (꿈을) 꾸다
- 끝내다
- 느끼다
- 드디어
- 디자이너
- (자격증을) 따다
- 뛰어가다
- 만화가
- (사이즈가) 맞다
- 목소리
- 번개가 치다
- 번역가
- 부동산
- 사업가
- 설명회
- 성공하다
- 소방관
- 소중하다
- 수료하다
- 스포츠학과
- 시각디자인
- (경험을) 쌓다
- 아무(도)
- 약사
- 양치질
- (형편이) 어렵다
- 여쭤보다
- 연휴
- 원하다
- 유럽
- 유학원
- 의견
- 이렇다
- 이루다
- 잃어버리다
- 자격증
- 졸다
- 주위
- (건강을) 지키다
- 진학하다
- 충분히
- (실력을) 키우다
- 통역사
- 팔리다
- 프로그래머
- 학과
- 학원
- 한국어교육원
- 현재

자기 평가

1. 꿈이 뭐예요?
2. 한국어를 배워 보니까 어때요?
3. 어학원을 수료하자마자 뭐 할 거예요?

문화 읽기

천 리 길도 한 걸음부터

한국어 공부가 어떻습니까? 힘들지요? 한국 속담에 '천리 길도 한 걸음부터'라는 말이 있습니다. 이 속담은 아무리 큰일이라도 처음에는 작은 일부터 시작된다는 의미입니다. 여러분이 바라는 꿈이 지금은 아주 멀리 있는 것처럼 느껴지겠지만 그 꿈을 향해서 한 걸음 한 걸음 포기하지 않고 걸어가다 보면 꿈을 이룰 수 있을 것입니다.

8과 방학과 휴가

방학 동안 고향에 다녀올까 해요

학습 목표

1. 방학에 한 일에 대해 이야기할 수 있다.
2. 휴가 계획에 대해 말할 수 있다.

어휘

1. 방학 관련 어휘
2. 휴가 관련 어휘

문법과 표현

1. -는 대신에
2. -(으)ㄹ까 하다
3. 만에
4. -아/어 본 적이 있다

어 휘

1. 방학 관련 어휘입니다. 읽어 봅시다.

1) 

다음 주 금요일이 **종강** 입니다.

2) 

오늘 **기말고사** 가 끝났어요.

3) 

시험이 끝나서 **성적 확인** 을 하고 있어요.

4) 

그 과목은 인기가 많아서 **수강 신청** 이 어려워요.

5) 

유럽으로 **배낭여행** 을 가고 싶어요.

6) 

방학에 **어학연수** 를 가려고 해요.

2. 휴가 관련 어휘입니다. 이야기해 봅시다.

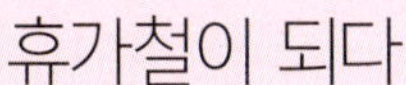
휴가철이 되다

휴가를 내다

일정을 짜다

휴식을 취하다

문화생활을 즐기다

1) 휴가철이 되면 어디에 가고 싶어요?
2) 언제 휴가를 낼 거예요?
3) 휴가 일정을 짰어요?
4) 어디에서 휴식을 취하고 싶어요?
5) 어떤 문화생활을 즐기고 있어요?

휴가철이 되면 어디에 가고 싶어요?

해수욕장에 가고 싶어요.

문법과 표현1 [동]는 대신에

A: 이번 주말에도 캠핑을 갈 거예요?

B: 아뇨, 이번에는 캠핑을 **가는 대신에** 집에서 휴식을 취하기로 했어요.

- 핸드폰이 고장 나서 **고치는 대신에** 새 핸드폰을 샀어요.
- 친구와 **노는 대신에** 동생 공부를 도와줬어요.
- 저는 술을 못 마시니까 **술 대신** 사이다를 마실게요.

연습1 다음과 같이 이야기해 봅시다.

1) 방학에 아르바이트를 할 거예요?	어학연수를 가다
2) 어제 친구랑 농구를 했어요?	테니스를 치다
3) 오늘은 집에서 요리할까요?	배달시켜 먹다
4) 수미 씨의 생일 선물을 살 거예요?	케이크를 만들어 주다

방학에 아르바이트를 할 거예요?

아니요, 아르바이트를 **하는 대신에** 어학연수를 갈 거예요.

연습2 알맞은 말을 쓰고 이야기해 봅시다.

1) A: 어제 수미 씨 잘 만났지요?
B: 아니요, ______________________________ 전화로 얘기했어요.

2) A: 다음 주말에도 등산할 거예요?
B: 아니요, 다음 주말에는 ______________________ 수영하러 갈 거예요.

3) A: 어제 도서관에서 공부했어요?
B: 아니요, ______________________________ 커피숍에서 공부했어요.

4) A: 바다에서 사진을 많이 찍었어요?
B: 아니요, ______________________________ 그림을 그렸어요.

연습3 다음과 같이 쓰고 읽어 봅시다.

1) x o
커피 대신 녹차를 마시고 싶어요.

2) x o
______________________ 먹기로 했어요.

3) x o
______________________ 연락하려고 해요.

4) x o
______________________ 여행을 갈 거예요.

문법과 표현2 [동](으)ㄹ까 하다

A: 이번 방학에도 고향에 갈 거예요?

B: 아니요, 이번에는 친구랑 봉사활동을 **할까 해요**.

- 밤에 기숙사에서 영화를 **볼까 하는데** 같이 볼래요?
- 시간이 없어서 컵라면을 **먹을까 해요**.
- 오늘은 갈비찜을 **만들어 볼까 해요**.

연습1 다음과 같이 이야기해 봅시다.

1) 기말고사가 끝나고 뭐 할 거예요?

집에서 쉬다	친구들과 놀다

2) 점심은 뭐 먹을 거예요?

라면을 먹다	그냥 굶다

3) 서울까지 어떻게 갈 거예요?

기차를 타다	내 차로 가다

기말고사가 끝나고 뭐 할 거예요?

집에서 **쉴까 해요**.

연습2 알맞은 말을 쓰고 이야기해 봅시다.

1) 

A: 이번에는 어디로 여행을 갈 거예요?

B: 글쎄요, 이번에는 제주도로 여행을 갈까 해요.

2) 내년

A: 언제쯤 결혼할 생각이에요?

B: 여자 친구랑 아직 얘기는 안 해 봤는데

_______________________________.

3)

A: 어디에서 아르바이트를 하려고 해요?

B: 커피숍에서 _______________________.

4)

Life expectancy has risen from just 53 years to more than 82 years today.

A: 대학교에서 무엇을 전공할 계획이에요?

B: 영어를 ___________________________.

5)

A: 이번 주말에 뭐 할 거야?

B: 오랜만에 한강에서 자전거를

_____________________ 너도 같이 갈래?

6)

A: 언니가 치킨을 시켜서 _______________

같이 먹을래요?

B: 좋아요.

연습3 알맞은 말을 쓰고 이야기해 봅시다.

듣기

1. 다음 학기 개강은 언제입니까?

2. 듣고 질문에 답해 보십시오. 8-1

1) 남자는 언제 여행을 갈 계획입니까?

2) 듣고 맞으면 O, 틀리면 X표를 하십시오.

① 여자는 이번 여행이 좋았어요. (O, X)

② 여자는 제주도로 여행을 갔어요. (O, X)

③ 여자는 방학 동안 아르바이트를 했어요. (O, X)

말하기

8-2

리우청: 수아 씨, 지금 뭐 해요?

수　아: 아, 내일이 과제 마감일이라서 리포트를 쓰고 있어요.
이 과목은 시험을 보는 대신에 리포트를 제출해야 해요.

리우청: 아, 그렇군요. 저는 어제 종강해서 이제 성적 확인만 남았어요.
수아 씨는 종강하면 뭐 할 거예요?

수　아: 저는 친구와 봉사 활동을 하기로 했어요. 예전부터 꼭 가고 싶었는데 이번에 좋은 기회가 생겨서요. 리우청 씨는 방학에 뭐 할 거예요?

리우청: 저는 방학 동안 고향에 다녀올까 해요. 이번 명절은 가족들과 같이 보내고 싶어서요.

수　아: 오랜만에 가족들과 좋은 시간을 보내겠네요. 잘 다녀오세요.

1. 대답해 봅시다.

1) 수아는 방학에 무엇을 하기로 했습니까?

2) 리우청은 방학에 무엇을 할 계획입니까?

2. 대화 내용을 바꿔서 이야기해 봅시다.

1)	2)	3)
시험을 보다	시험을 치르다	기말고사
봉사 활동을 하다	어학연수를 가다	배낭여행을 떠나다
고향에 다녀오다	가족을 만나러 가다	중국에 갔다 오다

3. 친구와 이야기해 봅시다.

방학 동안 뭐 할 거예요?

저는 방학 동안 해외
봉사 활동을 다녀올까 해요.

저는 방학 동안 고향에
갈까 해요.

발음 확인

1. 마감일이라서 [마가미리라서]
2. 확인만 [화긴만]
3. 보내겠네요 [보내겐네요]

문법과 표현3 [명] 만에

A: 정말 오랜만에 문화생활을 즐기네요.

B: 맞아요. 거의 **1년 만에** 공연장에 온 것 같아요.

- **6개월 만에** 토픽 시험에 합격했어요.
- 학교를 졸업한 지 **3년 만에** 선생님을 다시 만났어요.

연습1 다음과 같이 이야기해 봅시다.

2년 / 이모를 만나다

A: **2년 만에** 이모를 만났어요?

B: 네, **2년 만에** 이모를 만났어요.

1) 한 달 / 학교에 오다

2) 30분 / 문제를 풀다

3) 열흘 / 일을 그만두다

4) 하루 / 가방을 찾다

연습2 다음과 같이 이야기해 봅시다.

월	화	수	목	금	토	일
29	30	1	2 고향친구 만나기	3	4 등산	5
6	7	8	9	10	11	12 미용실
13	14	15 집에 연락하기	16	17	18	19
20 장보기	21	22	23	24	25 ❹ 등산	26
27 ❶ 장보기	28 테니스	29 ❷ 집에 연락하기	30	31 ❸ 테니스	1 ❺ 미용실	2 ❻ 고향친구 만나기

얼마 만에 장을 봤어요?

일주일 만에 장을 봤어요.

문법과 표현4 [동]아/어 본 적이 있다

A: 유진 씨, 배낭여행을 가 봤어요?

B: 아니요, 아직 **가 본 적이 없어요**.

- 한국 식당에서 아르바이트를 **해 본 적이 있어요**.
- 저는 아직 순대를 **먹어 본 적이 없어요**.

연습1 다음과 같이 이야기해 봅시다.

A: 해외여행을 **가 본 적이 있어요**?

B: 네, 해외여행을 **가 본 적이 있어요**.

아니요, 해외여행을 **가 본 적이 없어요**.

1)

해외여행을 가다

2)

한복을 입다

3)

케이크를 만들다

4)

막걸리를 마시다

연습2 **다음과 같이 이야기해 봅시다.**

1) 눈사람을 만들다
2) 한국 뉴스를 듣다
3) 기차를 놓치다
4) 수강 신청을 하다
5) 친구에게 한국어를 가르치다
6) 길에서 돈을 줍다
7) 공부하다가 코피를 흘리다
8) 편의점에서 택배를 보내다

눈사람을 만들어 본 적이 있어요?

네, 작년 겨울에 눈사람을 만들어 본 적이 있어요. 정말 재미있었어요.

듣고 말하기

1. 누구와 휴가를 가고 싶습니까?

2. 듣고 질문에 답해 보십시오. 8-3

1) 두 사람은 퇴근 후에 무엇을 할 겁니까?

2) 듣고 맞으면 O, 틀리면 X표 하십시오.

① 두 사람은 같이 여행을 하려고 해요. (O, X)

② 수잔은 휴가 신청을 아직 안 했어요. (O, X)

③ 미정은 10년 전에 독도에 가 봤어요. (O, X)

3. 친구와 휴가 계획을 짜 봅시다.

휴가 계획			
1) 기간:			
□ 1박 2일	□ 2박 3일	□ 3박 4일	□ ________
2) 장소:			
□ 서울	□ 전주	□ 제주도	□ ________
3) 교통수단:			
□ 기차	□ 버스	□ 비행기	□ ________
4) 하고 싶은 일:			
• ________________			
• ________________			

우리는 1박 2일로 전주에 가기로 했어요. 전주까지 기차로 갈 거예요. 전주에서 비빔밥을 먹고 한옥 마을에 갈 거예요. 거기에서 한복을 입고 사진을 찍을까 해요.

읽고 쓰기

1. 어디로 여름휴가를 떠나고 싶습니까?

2. 저스틴의 글입니다. 읽고 질문에 답하십시오.

한국에서는 휴가철에 여행을 떠나는 사람들이 많다. 하지만 나는 쉬는 날 집에서 휴식을 취하거나 친구들과 게임을 하면서 보내는 것을 좋아한다. 그런데 이번 여름에는 같이 아르바이트하는 친구들과 함께 여름휴가를 다녀왔다. 나는 한국에서 여름휴가를 보낸 적이 없어서 가기 전에 정말 기대가 되었다.

우리는 아침 일찍 고속버스를 타고 강원도로 출발했다. 그런데 휴가철이라서 길이 너무 막혔다. 그래서 우리는 출발한 지 5시간 만에 강원도 강릉에 도착했다. 생각보다 너무 늦게 도착해서 일정을 변경해야 했다. 처음에는 바닷가부터 가려고 했는데 배가 너무 고파서 점심을 먼저 먹고 물놀이를 했다. 그리고 밤에는 해수욕장에서 불꽃놀이를 구경하면서 즐거운 시간을 보냈다.

이번 휴가를 통해 많은 사람들이 여름휴가를 가는 이유를 이해하게 되었다. 이렇게 휴가를 보내니까 스트레스가 풀리고 마음에 여유가 생겼다. 예전처럼 집에서 쉬는 것도 좋지만 가끔 바다에 놀러 가는 것도 좋은 것 같다. 그래서 내년 여름에도 친구들과 여름휴가를 가기로 했다. 내년에는 기차를 타고 대천 바다로 놀러 갈까 한다.

1) 저스틴은 보통 휴가를 어떻게 보냈습니까?

2) 읽고 맞는 것을 고르십시오.

① 아침 5시에 강릉으로 출발했다.

② 점심을 먹기 전에 물놀이를 했다.

③ 강릉에서 해수욕장에 가장 먼저 갔다.

④ 내년 여름에 친구들과 휴가를 보낼 것이다.

3. 휴가를 어떻게 보내고 싶습니까? 써 봅시다.

미술관 가기	박물관 가기	친구 만나기	드라마 보기
운동	캠핑	휴식	?

나는 그림에 관심이 많다. 그림을 보면 스트레스가 풀리고 마음이 편해진다. 그런데 요즘 바빠서 미술관에 가지 못했다. 그래서 이번 휴가 때 미술관에 갈까 한다.

과제 활동

1. 나에게 어울리는 휴가지를 찾아봅시다.

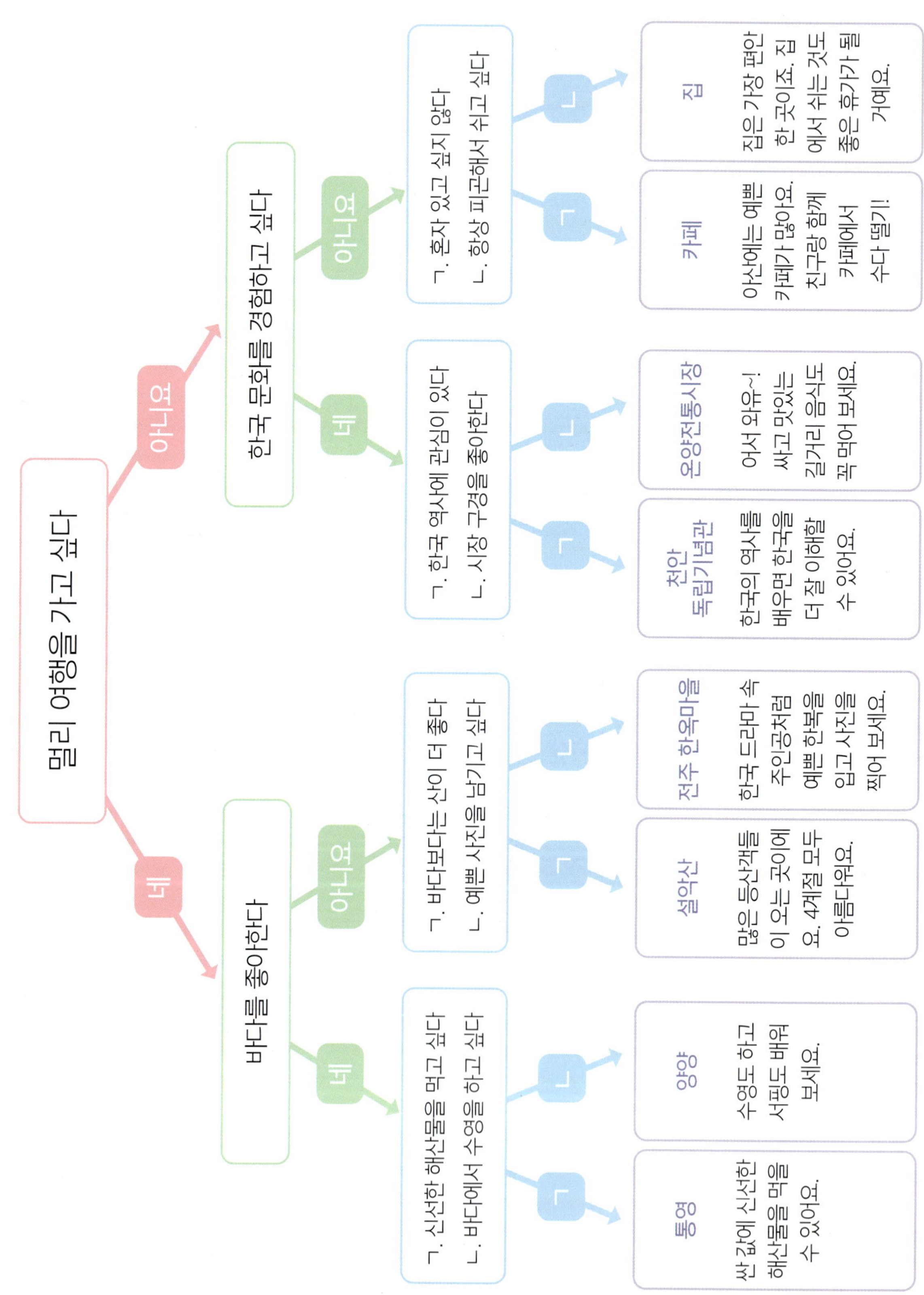

2. 방학에 무엇을 하고 싶습니까? 무엇을 해야 합니까? 쓰고 말해 봅시다.

하고 싶은 일

- [ ] ____________________
- [ ] ____________________
- [ ] ____________________
- [ ] ____________________
- [ ] ____________________
- [ ] ____________________

해야 할 일

- [ ] ____________________
- [ ] ____________________
- [ ] ____________________
- [ ] ____________________
- [ ] ____________________
- [ ] ____________________

8과 어휘 목록

- 갈비찜
- 강릉
- 강원도
- 개강
- 과목
- 과제
- 굶다
- 기말고사
- 기회
- 길거리
- 놓치다
- 대천
- 독도
- 등산객
- 리포트
- 마감일
- 막걸리
- 멀리
- 명절
- 문화생활
- 물놀이
- 배낭여행
- 변경하다
- 불꽃놀이
- 서핑
- 성적
- 수강
- 순대
- 양양
- 얘기하다
- 어학연수
- 여유
- 연휴
- 열흘
- 울릉도
- 이모
- 장보기
- 전주
- 전통시장
- 종강
- 즐기다
- (일정을) 짜다
- (휴식을) 취하다
- (시험을) 치르다
- 카페
- 코피
- 택배
- 통영
- 평소
- 한옥
- 휴가
- 휴가지
- 휴가철
- 휴식
- (코피를) 흘리다

자기 평가

1. 방학에 무엇을 할 계획이에요?

2. 한국에서 여행을 해 본 적이 있어요?

3. 어디로 여름휴가를 가고 싶어요?

문화 읽기

외국인 관광객이 가장 많이 오는 도시는?

외국인 관광객이 가장 많이 오는 도시는 서울로 나타났습니다. 서울은 무려 82%로 2위인 부산에 비해 약 5배 이상 높은 비율을 차지했습니다. 외국인들이 서울을 선호하는 이유는 무엇일까요? 우선 서울은 대중교통이 발달해서 외국인이 여행을 다니기에 좋습니다. 또한 다양한 문화 공간이 있을 뿐만 아니라 과거와 현재를 한눈에 볼 수 있는 도시입니다. 그리고 한국인은 물론 전 세계 관광객의 입맛을 사로잡은 유명한 맛집이 가장 많은 도시입니다.

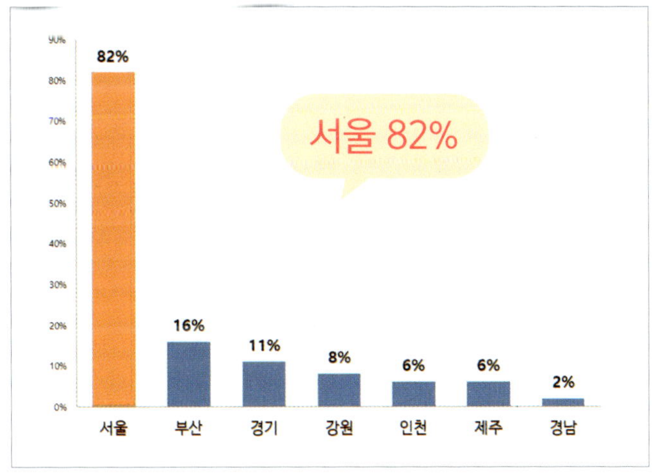

2023년 1분기 기준,
출처 : 문화체육관광부 국정조사 자료

모범 답안

1과

어휘

1. 생략

2. 교통편, 숙소, 요금, 일정
1) 부산으로 여행을 가요.
2) 기차와 버스를 타고 가요.
3) 숙소는 부산호텔이에요.
4) 여행 요금은 30만 원이에요.
5) 제일 먼저 가는 곳은 자갈치 시장이에요.

문법과 표현1

1. 2) 휴대폰이 자주 고장이 나요. 새 휴대폰으로 바꾸는 게 어때요?
3) 어머니 생신 선물을 사야 해요. 인삼차를 선물하는 게 어때요?
4) 우리 뭐 먹을까요? 시원한 냉면을 먹는 게 어때요?
5) 요즘 밤에 잠이 안 와요. 커피를 줄이고 운동하는 게 어때요?

2. 1) 가는 게 어때요?
2) 부치는 게 어때요?
3) 인터넷으로 사는 게 어때요?
4) 지하철로 가는 게 어때요?
5) 먹는 게 어때?

문법과 표현2

1. 1) 가게 문을 닫는 것 같아요.
가게 문을 닫을 것 같아요.
2) 기타를 배운 것 같아요.
기타를 배우는 것 같아요.
기타를 배울 것 같아요.
3) 친구와 논 것 같아요.
친구와 노는 것 같아요.
친구와 놀 것 같아요.

2. 2) 부르는 것 같아요.
3) 먹은 것 같아요.
4) 어울릴 것 같아요.
5) 올 것 같아요.
6) 자는 것 같아요.

3. 2) 좋아하는 것 같아요.
3) 걸린 것 같아요.
4) 받은 것 같아요.
5) 마실 것 같아요.
6) 칠 것 같아요.
7) 나간 것 같아요.
8) 먹은 것 같아요.

듣기

2. 1) ③
2) ① X ② O

말하기

1. 1) 여수에 가려고 합니다.
2) 케이블카 타는 것을 추천했습니다.

문법과 표현3

1. 2) 비행기를 타고 가는 동안 음악을 들었어요.
3) 내가 책을 읽는 동안 동생은 옆에서 만화책을 읽었어요.
4) 아기가 자는 동안 나도 쉬려고 해요.

2. 2) 이 년 동안 기타를 배웠어요.
3) 일주일 동안 입원해야 해요.
4) 네 달 동안 아르바이트를 할 계획이에요.

3. 생략

문법과 표현4

1. 1) 준비 운동을 하고 나서 수영을 하세요.
2) 밥을 먹고 나서 약을 먹었어요.
3) 빨래를 하고 나서 청소를 할 거예요.
4) 퇴근하고 나서 친구를 만났어요.

2. 2) 책 빌리고 나서
3) 듣고 나서
4) 수업이 끝나고 나서 친구랑 점심 먹었어요.

3. 생략

듣고 말하기

2. 1) ②
2) ① X ② O ③ O
3) ②

읽고 쓰기

2. 1) 해운대해수욕장과 자갈치시장이 유명해요.
2) ④

2과

어휘

1. 생략

2. 2) 감독 3) 상영관 4) 제목 5) 상영 일시 6) 좌석 번호

문법과 표현1

1. 2) 이야기하면서 3) 읽으면서
4) 운전하면서 5) 들으면서
6) 만들면서

2. 2) 보면서 3) 울면서 4) 치면서 5) 걸으면서

3. 생략

문법과 표현2

1. 2) 비쌀 것 같아요. 비싼 것 같아요.
3) 매울 것 같아요. 매운 것 같아요.

2. 1) 내일은 날씨가 따뜻할 것 같아요. 캠핑을 갑시다.
2) 내일은 날씨가 더울 것 같아요. 바다에 갑시다.
3) 내일은 날씨가 추울 것 같아요. 등산을 취소합시다.
4) 내일은 날씨가 시원할 것 같아요. 같이 운동합시다.

3. 1) 바지 길이가 좀 긴 것 같아요. 좀 더 짧은 거 없어요?
2) 코트 색깔이 좀 어두운 것 같아요. 좀 더 밝은 거 없어요?
3) 모자 사이즈가 좀 큰 것 같아요. 좀 더 작은 거 없어요?
4) 가방 가격이 좀 비싼 것 같아요. 좀 더 싼 거 없어요?

4. 2) 좋을 것 같아요. 3) 어려울 것 같아요.
4) 일본 사람일 것 같아요. 5) 긴 것 같아서
6) 피곤한 것 같아.

듣기

2. 1) 남자의 집에서 보려고 합니다.
2) ① X ② O ③ O

말하기

1. 1) '해운대'를 볼 겁니다.
2) 매진돼서 볼 수 없습니다.

문법과 표현3

1. 2) 모자를 3개 샀어요. 모자를 3개나 샀어요?
3) 한국에 온 지 10년 됐어요. 한국에 온 지 10년이나 됐어요?
4) 케이팝 콘서트에 만 명이 왔어요. 케이팝 콘서트에 만 명이나 왔어요?
5) 고양이를 5마리 키우고 있어요. 고양이를 5마리나 키우고 있어요?
6) 밥을 두 그릇 먹었어요. 밥을 두 그릇이나 먹었어요?

2. 2) 100만 원이나 3) 5권이나
4) 3년이나 5) 12시간이나
6) 3잔이나 마셨어요.

문법과 표현4

1. 2) 어제 산 바지가 얼마나 편한지 몰라요.
3) 이 만화책이 얼마나 재미있는지 몰라요.
4) 어제 극장에 사람이 얼마나 많았는지 몰라요.
5) 학생들이 얼마나 열심히 공부하는지 몰라요.
6) 주말에 눈이 얼마나 많이 내렸는지 몰라요.

2. 2) 얼마나 힘들었는지 몰라요.
3) 얼마나 가벼운지 몰라요.
4) 얼마나 재미없는지 몰라.
5) 얼마나 재미있게 놀았는지 몰라요.

듣고 말하기

2. 1) 두 번 봤습니다.
2) ① X ② X ③ O

읽고 쓰기

2. 1) 사극 드라마를 좋아합니다.
2) ① O ② O ③ X

3과

어휘

1. 1) 침실이 두 개 있어요.
2) 부엌이 거실 옆에 있어요.
3) 베란다에 의자가 있어요.
4) 욕실이 침실 옆에 있어요.
5) 현관에 신발이 있어요.
6) 아니요, 거실이 넓어요.

문법과 표현1

1. 2) 감기에 걸리겠어요.
3) 음식이 맵겠어요.
4) 영화가 무섭겠어요.

2. 2) 약속 시간에 늦겠어요.
3) 아주 반가웠겠어요.
4) 잠을 잘 못 잤겠어요.
5) 너무 피곤하겠어요.
6) 늦게 일어나도 되겠어요.

문법과 표현2

1. 2) 나는 커피를 좋아하는데 친구는 커피를 싫어해요.
3) 언니는 머리가 긴데 동생은 머리가 짧아요.
4) 어제는 날씨가 더웠는데 오늘은 날씨가 시원해요.
5) 호주는 지금 여름인데 한국은 지금 겨울이에요.

2. 1) 어려운데
2) 드는데
3) 칠 수 있는데
4) 힘들었는데
5) 안 바쁜데
6) 내렸는데
7) 스물한 살인데

3. 생략

듣기

2. 1) 학교 근처 원룸에서 삽니다.
2) ① X ② O ③ X

말하기

1. 1) 이사 갈 집을 알아봅니다.
2) 아만다는 이 집에서 베란다가 마음에 듭니다.

문법과 표현3

1. 1) 올라갔다가
2) 켰다가 껐어요.
3) 입었다가 벗었어요.
4) 했다가 지웠어요.

2. 2) 껐다가
3) 갔다가
4) 신청했다가
5) 걸었다가
6) 썼다가

문법과 표현4

1. 1) 먼지를 털려고 창문을 열었어요.
2) 친구들과 나눠 먹으려고 사과를 많이 샀어요.
사과잼을 만들려고 사과를 많이 샀어요.
3) 한국어 선생님이 되려고 한국어를 배워요.
한국 대학교에 입학하려고 한국어를 배워요.

2. 1) 주말에 읽으려고 책을 빌렸어요.
2) 잊어버리지 않으려고 메모를 해요.
3) 닭갈비를 만들려고 재료를 샀어요.
4) 호텔을 예약하려고 전화를 걸었어요.
5) 쓰레기를 버리려고 밖에 나갔어요.
6) 어머니께 보내 드리려고 사진을 찍고 있어요.

듣고 말하기

2. 1) ④
2) ① X ② O

읽고 쓰기

2. 1) 아파트에서 삽니다.
2) ① X ② X
3) ②

4과

어휘

1. 스트레스를 받으면 두통이 심해요.
스트레스를 받으면 잠을 잘 못 자요.
스트레스를 받으면 힘이 없어요.
스트레스를 받으면 가슴이 답답해요.

2. 2) 수다를 떨어요.
3) 맛집을 가요.
4) 운동을 해요.
5) 노래를 불러요.
6) 여행을 떠나요.
7) 집안 정리를 해요.
8) 드라이브를 해요.
9) 머리 모양을 바꿔요.

문법과 표현1

1. 1) 요즘 스트레스가 많아요. 기분 전환을 하는 게 좋겠어요.
2) 약속 시간에 많이 늦었어요. 택시를 타는 게 좋겠어요. 친구에게 문자를 보내는 게 좋겠어요.
3) 날씨가 너무 추워요. 옷을 따뜻하게 입는 게 좋겠어요. 따뜻한 차를 마시는 게 좋겠어요.

2. 1) 이사하는 게 좋겠어요.
2) 선물하는 게 좋겠어요.
3) 청소를 하는 게 좋겠어요.
4) 먹는 게 좋겠어.

3. 1) 낮에 산책을 하는 게 좋겠어요.
2) 규칙적으로 생활하는 게 좋겠어요.

문법과 표현2

1. 2) 언제 외로워요? 혼자 밥을 먹을 때 외로워요.
3) 언제 엄마가 보고 싶어요? 몸이 아플 때 엄마가 보고 싶어요.
4) 언제 슬펐어요? 시험을 못 봤을 때 슬펐어요.

2. 1) 등산할 때
2) 졸릴 때
3) 영화를 볼 때
4) 사진을 찍을 때
5) 목이 아플 때

3. 2) 일이 많을 때
3) 갔을 때
4) 보고 싶을 때
5) 왔을 때
6) 여름 방학 때 캠핑을 갈 거예요.

듣기

2. 1) 아침에 학교에 올 때부터 아팠습니다.
2) ① O ② X ③ X

말하기

1. 1) 일이 많을 때 스트레스를 받습니다.
2) 바람 쐬러 가려고 합니다.

문법과 표현3

1. 금요일 오후에 뭐 해요? 빨래를 하거나 청소를 해요.
금요일 저녁에 뭐 해요? 친구를 만나거나 음악을 들어요.
토요일 오전에 뭐 해요? 등산을 하거나 낚시를 해요.
토요일 오후에 뭐 해요? 테니스를 치거나 텔레비전을 봐요.
토요일 저녁에 뭐 해요? 게임을 하거나 잡지를 봐요.

2. 1) 꽃을 선물하거나 책을 줄 거예요.
2) 농구를 하거나 친구랑 탁구를 칠 거예요.
3) 밥을 먹거나 영화를 봐요.
4) 병원에 가거나 약국에서 약을 사서 먹어요.
5) 혼자 여행을 가거나 영화를 보고 싶어요.

문법과 표현4

1. 2) 밥을 먹기로 했어요.
3) 놀기로 했어요.
4) 담배를 피우지 않기로 했어요.

2. 1) 쇼핑하기로 했어요.
2) 비빔밥을 만들기로 했어요.
3) 가기로 했어요.
4) 출발하기로 해요.
5) 주기로 했어요? 주기로 했어요.
6) 일하기로 했어요? 일하기로 했어요.

듣고 말하기

2. 1) 수영장에 다니기로 했습니다.
2) ③

읽고 쓰기

2. 1) 자세를 고치고 싶어서 요가를 배우기로 했습니다.
2) ① O ② O ③ X

5과

어휘

1. 2) 우울한 것 같아요. 3) 기쁜 것 같아요.
4) 두려운 것 같아요. 5) 부끄러운 것 같아요.
6) 짜증이 난 것 같아요.

2. 1) 슬퍼요. 2) 화가 났어요.
3) 곤란해요. 4) 섭섭해요.

문법과 표현1

1. 2) 덥군요. 3) 생일이었군요.
4) 잘 먹는군요.

2. 1) 일어나는군요. 2) 많군요.
3) 잘하는군요.
4) 좋겠군요. 5) 정말 예쁘군요.

3. 생략

문법과 표현2

1. 2) 너무 비싸기 때문에 사지 않기로 했어요.
3) 경치가 아름답기 때문에 사람들이 제주도에 많이 가요.
4) 날씨가 좋고 시원하기 때문에 가을을 좋아합니다.
5) 기숙사에 살기 때문에 고양이를 기를 수 없어요.

2. 1) 유명한 가게이기 때문에 사람이 많습니다. / 유명한 가게이기 때문입니다.
2) 친구와 헤어졌기 때문에 울고 있습니다. / 친구와 헤어졌기 때문입니다.
3) 숙제를 안 했기 때문에 혼났습니다. / 숙제를 안 했기 때문입니다.

3. 2) ① 3) ① 4) ① 5) ① 6) ②

듣기

2. 1) ② 2) ① O ② X

말하기

1. 1) 장학금을 받았기 때문입니다. / 기대하지 않았는데 좋은 결과를 얻게 되어서 기분이 좋습니다.
2) 맛있는 것을 먹으러 가려고 합니다.

문법과 표현3

1. 2) 아버지의 요리 실력이 어때요? 요리사처럼 요리를 잘하세요.
3) 이 호텔이 어때요? 우리 집처럼 편안해요.
4) 이 그림 어때요? 사진처럼 잘 그렸네요.

2. 2) 농구선수처럼
3) 가수처럼 노래를 정말 잘 불러요.
4) 모델처럼 옷을 정말 잘 입어요.

3. 생략

문법과 표현4

1. 2) 재미있어해요. 3) 반가워하셨어요. 4) 슬퍼했어요.

2. 2) 내가 친구를 오래 기다려서 친구가 미안해했어요.
3) 내가 약속을 어겨서 친구가 기분 나빠했어요.
4) 내가 친구의 발을 밟아서 친구가 아파했어요.
5) 내가 떡볶이에 고추장을 많이 넣어서 친구가 매워했어요.

듣고 말하기

2. 1) 여자 친구 생일을 깜빡 잊어버리고 그날 다른 약속을 잡았습니다.
2) ① X ② X ③ O

읽고 쓰기

2. 1) 버스 안에서 다시 만났습니다.
2) ④

6과

어휘

1. 생략

2. 생략

3. 뭘 볶고 있어요? 밥을 볶고 있어요.
뭘 굽고 있어요? 생선을 굽고 있어요.
뭘 찌고 있어요? 만두를 찌고 있어요.
뭘 끓이고 있어요? 물을 끓이고 있어요.
뭘 튀기고 있어요? 새우를 튀기고 있어요.

문법과 표현1

1. 2) 일요일 1시 표가 있어요? 아니요, 2시 표밖에 없어요.
3) 어제 술 많이 마셨어요? 아니요, 맥주 한 잔밖에 안 마셨어요.
4) 그 사람 잘 알아요? 아니요, 이름밖에 몰라요.

2. 2) 어제 잠을 잘 잤어요? 아니요, 4시간밖에 못 잤어요.
왜 4시간밖에 못 잤어요? 일이 많아서요.
3) 숙제 다 했어요? 아니요, 읽기 숙제밖에 못 했어요.
왜 읽기 숙제밖에 못 했어요? 머리가 아파서요.
4) 아침에 밥을 먹었어요? 아니요, 우유밖에 안 마셨어요.
왜 우유밖에 안 마셨어요? 시간이 없어서요.
5) 교실에 학생이 많이 있어요? 아니요, 두 명밖에 없어요.
왜 두 명밖에 없어요? 모두 사무실에 가서요.

3. 2) 피아노밖에 칠 줄 몰라요.
3) 명동밖에 안 가 봤어요.
4) 두 잔밖에 안 마셔요.

문법과 표현2

1. 2) 추기로 유명해요.
3) 빠르기로 유명해요.
4) 비빔밥으로 유명해요.

2. 1) 아름답기로 유명해요.
2) 노래를 잘 부르기로 유명해요.
3) 좋기로 유명해.
4) 벚꽃축제로 유명해요.
5) 생략

3. 전주는 비빔밥으로 유명해요.
울산은 자동차로 유명해요.
울릉도는 오징어로 유명해요.
대구는 사과가 맛있기로 유명해요.
부산은 해수욕장이 아름답기로 유명해요.
서울은 서울 타워로 유명해요.
천안은 호두 과자로 유명해요. / 호두 과자가 맛있기로 유명해요.

듣기

2. 1) 삼계탕을 소개하고 있습니다.
2) ① O ② O ③ X

말하기

1. 1) 음식이 맛있고 양이 많기로 유명합니다.
2) 불고기와 생선구이를 추천했습니다.

문법과 표현3

1. 2) 책을 읽다가
3) 밥을 먹다가
4) 학교에 가다가

2. 2) 조금 전까지 일하다가 잠깐 나갔어요.
3) 수업을 듣다가 화장실에 갔어요.
4) 오이를 썰다가 다쳤어요.

3. 2) 아니요, 공부하다가 피곤해서 잤어요.
3) 아니요, 걸어오다가 다리가 아파서 버스를 타고 왔어요.
4) 아니요, 등산하다가 비가 와서 중간에 내려왔어요.
5) 아니요, 아르바이트하다가 힘들어서 그만뒀어요.

문법과 표현4

1. 2) 쌀로 떡을 만들어요.
3) 벽돌로 집을 지어요.
4) 밀가루로 빵을 만들어요.

2. 2) 장미꽃으로
3) 나무로
4) 호박으로 만들어요.

3. 1) 쌀로 과자를 만들 수 있어요.
2) 나무로 책상을 만들 수 있어요.
3) 우유로 요구르트를 만들 수 있어요.
4) 밀가루로 떡을 만들 수 있어요.

듣고 말하기

2. 1) 3-4-2-1
2) ②

읽고 쓰기

2. 1) ㉮
2) ① X ② X ③ O

7과

어휘

1. 생략

2. 생략

문법과 표현1

1. 2) 냉장고를 여니까 음식이 많이 있었어요.
3) 텔레비전을 켜니까 좋아하는 배우가 나왔어요.
4) 백화점에 가니까 세일을 하고 있었어요.
5) 제주도에 도착하니까 관광객이 많았어요.

2. 2) 처음 돈을 벌어 보니까 어땠어요? / 돈을 벌어 보니까 너무 힘들었어요.
3) 그 자동차를 타 보니까 어땠어요? / 타 보니까 아주 편안했어요.
4) 유명한 식당의 음식을 먹어 보니까 어땠어요? / 음식을 먹어 보니까 생각보다 맛이 없었어요.

3.
- 한국에서 살아 보니까 아주 편리했어요.
- 한국 음식을 먹어 보니까 생각보다 맛있었어요.
- 한국어를 배워 보니까 어렵지만 재미있었어요.

문법과 표현2

1. 2) 눕자마자 3) 일어나자마자 4) 먹자마자

2. 2) 주문을 하자마자 햄버거가 나왔어요.
3) 날씨가 추워지자마자 겨울 코트를 입었어요.
4) 밥을 먹자마자 누우면 안 돼요.

3. 2) 도착하자마자 3) 방학하자마자
4) 내리자마자 5) 가자마자

4. 1) 오늘 아침에 일어나자마자 양치질을 했어요.
2) 방학하자마자 고향에 돌아갈 거예요.
3) 고향에 가자마자 친구를 만날 거예요.
4) 보통 기숙사에 가자마자 컴퓨터를 켜요.
5) 부모님을 만나자마자 같이 외식하고 싶어요.
6) 보통 저녁 식사를 끝내자마자 차를 마셔요.

듣기

2. 1) 한국어 교사입니다.
2) ① X ② O ③ X

말하기

1. 1) 관광 안내원이 되고 싶어서 관광학과를 선택했습니다.
2) 이번 학기가 끝나자마자 가려고 합니다.

문법과 표현3

1. 2) 부동산을 통해서 집을 찾는 게 좋아요.
3) 독서를 통해서 새로운 단어를 배울 수 있어요.
4) 홈페이지를 통해서 신청하시기 바랍니다.
5) 규칙적인 운동을 통해서 건강을 지킬 수 있어요.

2. 2) 여행을 통해서
3) 봉사 활동을 통해서
4) 유학 생활을 통해서

3. 생략

문법과 표현4

1. 2) 그럼 너무 매울지도 몰라요.
3) 그럼 선생님께 혼날지도 몰라요..
4) 그럼 교통사고가 날지도 몰라요.

2. · 수업 중일지도 모르니까 나중에 다시 걸어 보세요.
· 갑자기 아플지도 모르니까 약을 꼭 챙기세요.
· 날씨가 추울지도 모르니까 따뜻한 옷을 준비하세요.

3. 2) 상할지도 몰라요.
3) 도착했을지도 몰라.
4) 좋아하실지도 모르니까

듣고 말하기

2. 1) 다음 달에 결혼을 합니다.
2) ① X　② O　③ O
3) ③

읽고 쓰기

2. 1) ③
2) ① X　② O　③ X

8과

어휘

1. 생략

2. 생략

문법과 표현1

1. 2) 아니요, 농구를 하는 대신에 테니스를 쳤어요.
3) 아니요, 집에서 요리하는 대신에 배달시켜 먹어요.
4) 아니요, 생일 선물을 사는 대신에 케이크를 만들어 줄 거예요.

2. 1) 만나는 대신에
2) 등산하는 대신에
3) 도서관에서 공부하는 대신에
4) 사진을 찍는 대신에

3. 2) 비빔밥 대신 빵을
3) 전화 대신 문자로
4) 일본 대신 미국으로

문법과 표현2

1. 1) 친구들과 놀까 해요.
2) 라면을 먹을까 해요. 그냥 굶을까 해요.
3) 기차를 탈까 해요. 내 차로 갈까 해요.

2. 2) 내년에 결혼할까 해요.
3) 아르바이트를 할까 해요.

4) 전공할까 해요.
5) 탈까 하는데
6) 먹을까 하는데

3. 생략

듣기

2. 1) 추석에 여행을 갈 계획입니다.
2) ① O ② X ③ X

말하기

1. 1) 봉사활동을 하기로 했습니다.
2) 고향에 다녀올 계획입니다.

문법과 표현3

1. 1) 한 달 만에 학교에 왔어요? 네, 한 달 만에 학교에 왔어요.
2) 30분 만에 문제를 풀었어요? 네, 30분 만에 문제를 풀었어요.
3) 열흘 만에 일을 그만뒀어요? 네, 열흘 만에 일을 그만뒀어요.
4) 하루 만에 가방을 찾았어요? 네, 하루 만에 가방을 찾았어요.

2. ② 얼마 만에 집에 연락했어요? 2주 만에 집에 연락했어요.
③ 얼마 만에 테니스를 쳤어요? 3일 만에 테니스를 쳤어요.
④ 얼마 만에 등산을 했어요? 3주 만에 등산을 했어요.
⑤ 얼마 만에 미용실에 갔어요? 20일 만에 미용실에 갔어요.
⑥ 얼마 만에 고향 친구를 만났어요? 한 달 만에 고향 친구를 만났어요.

문법과 표현4

1. 2) 한복을 입어 본 적이 있어요?
네, 한복을 입어 본 적이 있어요.
아니요, 한복을 입어 본 적이 없어요.
3) 케이크를 만들어 본 적이 있어요?
네, 케이크를 만들어 본 적이 있어요.
아니요, 케이크를 만들어 본 적이 없어요.
4) 막걸리를 마셔 본 적이 있어요?
네, 막걸리를 마셔 본 적이 있어요.
아니요, 막걸리를 마셔 본 적이 없어요.

2. 2) 한국 뉴스를 들어 본 적이 있어요?
네, 들어 본 적이 있어요.
아니요, 들어 본 적이 없어요.
3) 기차를 놓쳐 본 적이 있어요?
네, 기차를 놓쳐 본 적이 있어요.
아니요, 비행기를 놓쳐 본 적이 없어요.
4) 수강 신청을 해 본 적이 있어요?
네, 해 본 적이 있어요.
아니요, 해 본 적이 없어요.
5) 친구에게 한국어를 가르쳐 본 적이 있어요?
네, 가르쳐 본 적이 있어요.
아니요, 가르쳐 본 적이 없어요.
6) 길에서 돈을 주워 본 적이 있어요?
네, 돈을 주워 본 적이 있어요.
아니요, 돈을 주워 본 적이 없어요.
7) 공부하다가 코피를 흘려 본 적이 있어요?
네, 코피를 흘려 본 적이 있어요.
아니요, 코피를 흘려 본 적이 없어요.
8) 편의점에서 택배를 보내 본 적이 있어요.
네, 보내 본 적이 있어요.
아니요, 보내 본 적이 없어요.

듣고 말하기

2. 1) 같이 일정을 짭니다.
2) ① O ② X ③ X

읽고 쓰기

2. 1) 집에서 휴식을 취하거나 친구들과 게임을 하면서 보냈습니다.
2) ④

듣기 지문

1과 듣기

여자: 케빈 씨, 지난주에 제주도 잘 다녀왔어요?
남자: 네, 한라산을 등산하고 폭포도 구경했는데 정말 좋았어요.
여자: 제가 추천해 준 감귤 따기 체험도 했어요?
남자: 네, 정말 재미있었어요.
여자: 제주도는 구경할 곳이 무척 많아요. 그래서 사람들이 제주도로 여행을 여러 번 가는 것 같아요.
남자: 맞아요. 그래서 저도 내년 봄에 또 가려고 해요.
여자: 그럼, 다음에는 해녀 체험도 해 보는 게 어때요?

1과 듣고 말하기

여자: 아산에 오신 것을 환영합니다. 지금 여러분이 도착한 곳은 외암리 민속 마을입니다. 이곳은 500년 전 한국의 마을을 볼 수 있는 곳입니다. 여기서 전통 결혼식을 보고 떡 만들기 체험도 하겠습니다. 체험이 끝나면 민속 마을 안에 있는 식당에서 점심을 먹겠습니다. 메뉴는 비빔밥과 파전입니다. 그다음으로 경치가 아름다운 신정 호수를 구경하고 나서 마지막으로 온양 온천에 가는 것으로 일정을 마치겠습니다. 한국에서 여행하는 동안 좋은 추억을 만드시기를 바랍니다.

2과 듣기

여자: 와, 텔레비전 정말 크다.
남자: 응, 집에서 영화 보는 걸 좋아해서 큰 걸로 샀어.
여자: 이걸로 보면 영화관에 안 가도 될 것 같아.
남자: 그럼, 치킨 먹으면서 영화 한 편 볼까?
여자: 좋아, 난 공포 영화를 좋아하는데 넌 어떤 영화 좋아해?
남자: 나도 공포 영화 좋아해. 그럼 이 영화 재미있을 것 같은데 이거 볼까?
여자: 내가 좋아하는 배우가 주인공이네. 이걸로 보자.

2과 듣고 말하기

남자: 미나 씨, '대답하라 1988' 드라마 봤어요?
여자: 당연히 봤죠. 너무 재미있어서 저는 두 번이나 봤어요.
남자: 그래요? 저는 아직 끝까지 다 못 봤어요. 이제 반 정도 봤는데 남자 주인공이 정말 연기를 잘하는 것 같아요.
여자: 그렇죠? 제가 제일 좋아하는 배우예요. 혹시 그 배우가 나오는 뮤지컬 영화도 봤어요?
남자: 아니요. 그 영화는 아직 못 봤어요. 그 영화도 재미있어요?
여자: 그럼요. 내용도 좋고 음악과 영상이 얼마나 아름다운지 몰라요. 꼭 한번 보세요.

3과 듣기

여자: 케빈 씨, 요즘 기숙사에 안 살아요?
남자: 네, 지난 방학에 학교 근처 원룸으로 이사했어요.
여자: 그래요? 자취 생활은 어때요?
남자: 기숙사는 친구들과 함께 생활해서 좀 불편했는데 지금은 혼자 사니까 정말 자유롭고 좋아요.
여자: 저도 다음 학기에는 자취를 해 보고 싶은데 힘든 점은 없어요?
남자: 다른 건 괜찮은데 요리부터 설거지, 빨래, 청소까지 혼자 다 해야 해서 좀 힘들어요.
여자: 그래요? 저는 집안일은 전혀 못하는데……. 자취 생활은 저에게는 잘 안 맞겠네요.

3과 듣고 말하기

여자: 민호야, 침대 정리 다 끝났어?
남자: 응, 끝났어. 그래서 이제 이불 빨래를 하려고 해.
여자: 지금 세탁기 돌릴 거야? 이따가 비가 올 것 같은데 내일 하는 게 어때?
남자: 알겠어, 누나. 그럼 오늘 오랜만에 베란다랑 욕실 청소할까?
여자: 좋아. 내가 베란다 정리할게. 민호야, 여기에 쓰레기 봉투가 있는데 네가 베란다에 뒀어?

남자: 응, 내일 아침에 나가면서 버리려고 거기에 뒀어.

여자: 여기에 두면 냄새 나니까 지금 버려야 할 것 같아. 내가 금방 나갔다 올게.

남자: 그럼 나는 욕실 거울부터 닦고 있을게.

4과 듣기

남자: 선생님, 저 머리가 너무 아파서 오늘 수업을 더 못 들을 것 같아요.

여자: 그래요? 많이 아파요? 언제부터 아팠어요?

남자: 아침에 학교에 올 때부터 좀 아팠는데 지금 두통이 더 심해졌어요.

여자: 약은 먹었어요?

남자: 아니요, 아직 안 먹었어요.

여자: 그럼 집에 가서 약부터 먹고 푹 쉬는 게 좋겠어요. 그래도 낫지 않으면 병원에 꼭 가세요.

남자: 네, 알겠습니다.

4과 듣고 말하기

여자1: 수잔, 요즘도 주말마다 자전거 타?

여자2: 아니, 요즘은 수영장에서 수영을 하거나 헬스장에서 운동해.

여자1: 어, 그래? 나도 다음 주부터 수영장에 다니기로 했는데 같이 가자.

여자2: 좋아. 근데 유리야, 너 요즘 피부가 좋아진 것 같은데 뭐 챙겨 먹는 거 있어?

여자1: 눈에 좋은 당근하고 블루베리를 먹고 있는데 그게 피부에도 좋은 것 같아.

여자2: 그래? 나 요즘 피부 때문에 고민인데…….

여자1: 그럼 너도 당근이랑 블루베리 좀 챙겨 먹어 봐. 운동도 중요하지만 음식을 신경 써서 먹어야 해.

5과 듣기

여자: 케빈 씨, 이번 한국어 말하기 대회에 나갈 거예요?

남자: 아니요, 저는 작년 말하기 대회에 참가해서 상을 받았기 때문에 이번에는 신청하지 않았어요.

여자: 작년에 말하기 대회에서 상을 받았군요. 정말 부러워요. 저도 한번 해보고 싶은데···.

남자: 그럼 이번에 한번 도전해 보는 게 어때요?

여자: 저는 사람들 앞에 서면 너무 부끄럽고 긴장을 많이 해요. 그래서 아직 신청을 못 했어요.

남자: 저도 처음에는 얼마나 긴장을 많이 했는지 몰라요. 그런데 계속 연습을 하니까 긴장도 풀리고 자신감도 생겼어요. 아직 시간이 있으니까 연습을 하면 타냐 씨도 잘할 수 있을 거예요.

5과 듣고 말하기

여자: 다니엘, 무슨 일 있어?

남자: 나 여자 친구랑 헤어질 것 같아. 내가 큰 잘못을 했어.

여자: 무슨 잘못을 했는데?

남자: 여자 친구 생일을 깜빡 잊어버리고 그날 다른 약속을 잡았어. 그걸 여자 친구가 알게 돼서 화가 많이 났어.

여자: 아이고, 여자 친구가 정말 섭섭했겠다.

남자: 맞아. 지난주부터 전화도 안 받고 문자 메시지에 답장도 없어. 나 이제 어떡하지? 이번에는 지난번처럼 쉽게 화가 풀리지 않을 것 같아.

여자: 다른 방법이 없는 것 같은데 화가 풀릴 때까지 계속 사과해. 네가 진심으로 미안해하고 사과하면 여자 친구도 화가 풀릴 거야.

6과 듣기

남자: 오늘도 한식 전문가 김지숙 선생님을 모시고 이야기를 나눠 보겠습니다. 안녕하세요? 선생님, 이번에는 어떤 음식을 소개해 주시겠습니까?

여자: 오늘은 여름 건강식 삼계탕에 대해 이야기해 보겠습니다. 삼계탕은 닭고기와 인삼을 넣고 끓여서 만드는 음식인데요. 특히 여름에 더울 때 먹으면 건강에 좋기로 유명하죠. 집에서 직접 삼계탕을 만들어 먹는 것을 어렵게 생각하는 분들도 있는데요. 사실 삼계탕에는 재료가 두세 가지밖에 안 들어가요. 그리고 재료를 한 번에 모두 넣고 끓이는 간단한 요리입니다. 신선한 닭고기만 있으면 누구나 맛있는 삼계탕을 만들 수 있습니다.

6과 듣고 말하기

남자: 자르갈 씨, 맛있게 드세요.

여자: 네, 잘 먹을게요. (먹는 소리) 와, 김치볶음밥 너무 맛있어요. 계란찜도 진짜 부드럽고 맛있네요.

남자: 자르갈 씨는 한국 음식을 다 잘 먹는 것 같아요.

여자: 민호 씨가 음식을 맛있게 만들어서 그래요. 근데 김치볶음밥은 어떻게 만들어요?

남자: 먼저 김치와 양파를 썰어서 프라이팬에 넣고 볶다가 간장을 한 숟가락 넣으세요. 그다음에 밥을 넣고 섞은 후에 좀 더 볶아요.

여자: 생각보다 어렵지 않네요. 저도 만들 수 있겠어요. 전 김치로 만든 음식은 다 좋아해요. 다음에는 김치찌개 만드는 방법도 좀 가르쳐 주세요.

7과 듣기

여자: 아웅 씨는 꿈이 뭐예요?

남자: 제 꿈은 한국어 교사예요. 한국어를 배워 보니까 재미있고 저에게 잘 맞는 것 같아서요.

여자: 아웅 씨에게 잘 어울릴 것 같아요. 아웅 씨는 한국어 실력도 좋고 친절해서 좋은 선생님이 될 거예요.

남자: 고마워요. 아만다 씨의 말을 듣고 나니까 더 자신감이 생기네요.

여자: 그러면 한국어 학과에 입학할 거예요?

남자: 네, 그래서 이번 학기가 끝나자마자 토픽 시험도 준비하려고 해요.

여자: 그렇군요. 아웅 씨는 충분히 합격할 수 있을 거예요.

7과 듣고 말하기

여자: 조나단, 나 다음 달에 결혼해. 시간 되면 와서 밥 먹고 가.

남자: 정말요? 축하해요. 꼭 갈게요. 선배님, 근데 두 분은 만난 지 얼마나 됐어요?

여자: 대학생 때 한국 친구를 통해서 만났는데 사귄 지 4년쯤 됐어.

남자: 와, 오래됐네요. 그럼 결혼하면 한국에서 계속 살 거예요?

여자: 아직 잘 모르겠어. 남자 친구가 공부를 더 하고 싶어 해서 결혼하자마자 같이 유학을 갈지도 몰라. 너는 언제쯤 결혼할 거야?

남자: 부모님께서는 일찍 결혼하기를 바라시는데 저는 결혼을 좀 늦게 하고 싶어요. 아직 해 보고 싶은 일도 많고 여러 나라에서 살아 보고 싶어서요.

여자: 그래. 결혼을 꼭 일찍 할 필요는 없는 것 같아. 네가 잘 생각해 보고 결정해.

8과 듣기

여자: 다음 주가 벌써 개강이네…. 시간이 너무 빨리 간다.

남자: 그러게. 여름 방학은 겨울 방학보다 짧은 것 같아. 카잉, 넌 방학 동안 뭐 했어?

여자: 이번 방학에 제주도에 가려고 비행기표를 알아봤는데 너무 비싸서 못 갔어. 그래서 제주도 대신에 여수에 갔다 왔어.

남자: 그렇구나. 여수는 어땠어? 좋았어?

여자: 응, 생각보다 괜찮았어. 음식도 맛있고 사진 찍을 곳도 많아서 좋았어. 너는 어떻게 지냈어?

남자: 나는 토픽 시험 준비랑 아르바이트 때문에 거의 쉬지 못했어. 근데 추석에 아르바이트를 쉬니까 그때 여행을 갈까 해.

8과 듣고 말하기

여자1(미정): 수잔 씨, 여름휴가 신청했어요?

여자2(수잔): 네, 8월 8일부터 10일까지예요. 주말까지 5일은 쉴 수 있을 것 같아요.

여자1: 어머, 저도 그때 쉬기로 했어요. 그런데 아직 휴가 계획을 못 짰어요.

여자2: 저는 이번 휴가 때 울릉도랑 독도에 가 볼까 하는데 미정 씨는 울릉도에 가 본 적이 있어요?

여자1: 네, 저는 대학생 때 울릉도에 가 본 적이 있어요. 그때 독도에도 가고 싶었는데 날씨 때문에 못 갔어요.

여자2: 그래요? 그럼 이번에 저랑 같이 갈래요?

여자1: 좋아요. 이번에 가면 거의 10년 만에 다시 울릉도에 가는 거예요. 정말 기대돼요.

여자2: 그럼 우리 이따가 퇴근 후에 만나서 같이 일정을 짤까요?